中国式民主

全过程人民民主

李君如 著

全过程人民民主是社会主义民主政治的本质属性。
——中国共产党第二十次全国代表大会报告

实现民主有多种方式，不可能千篇一律。用单一的标尺衡量世界丰富多彩的政治制度，用单调的眼光审视人类五彩缤纷的政治文明，本身就是不民主的。
——习近平在中央人大工作会议上的讲话（2021.10）

目 录

第一章
从中美两国元首巴厘岛会晤谈起
习近平在巴厘岛会晤谈中国式民主	2
同中有异：民主不等于西方民主	10
"面纱"背后：西方民主完美吗	17
以民主的方式对待各国民主制度	21

第二章
"全过程人民民主"的提出和由来
2019年上海之行和"全过程人民民主"重大理念的提出	30
2021年中央人大工作会议和全过程人民民主的理论创新	41
以新型政党制度形成为历史起点的全过程人民民主探索	49

第三章
何为"全过程人民民主"
全过程人民民主是社会主义民主政治的本质属性	73
全过程人民民主是全链条、全方位、全覆盖的民主	77
全过程人民民主是最广泛、最真实、最管用的民主	85

第四章
众人的事情由众人商量是人民民主的真谛

形成西方民主无可比拟的两种民主形式　　　　96
中国独特的、独有的、独到的民主形式　　　　102
广泛多层制度化的协商民主体系的构建和完善　　109

第五章
在发展全过程人民民主进程中大力推进中国式现代化

中国式现代化和中国式民主　　　　132
充分发挥亿万人民的创造伟力　　　　140
实现人民对美好生活的向往　　　　146

后记　　　　152

习近平在巴厘岛会晤谈中国式民主

同中有异：民主不等于西方民主

"面纱"背后：西方民主完美吗

以民主的方式对待各国民主制度

第一章

从中美两国元首巴厘岛会晤谈起

民主，不仅是全人类的共同价值，而且再次成为当今世界国际关系中的一个重要话题。2022年11月14日下午，中国国家主席习近平在印度尼西亚巴厘岛同美国总统拜登举行会晤，两国元首就中美关系中的战略性问题以及重大全球和地区问题坦诚深入交换看法时，也谈到了民主这样深层次的理论和实践问题。习近平主席关于如何认识中国和美国等各个国家民主的深刻论述，言简意赅，十分精辟，对于世界各国认识中国式民主，同时也对于我们研究中国式民主，具有极其重要的指导意义。

习近平在巴厘岛会晤谈中国式民主

　　在中美两国元首巴厘岛会晤时，中国国家主席习近平指出，当前中美关系面临的局面不符合两国和两国人民根本利益，也不符合国际社会期待。中美双方需要本着对历史、对世界、对人民负责的态度，探讨新时期两国正确相处之道，找到两国关系发展的正确方向，推动中美关系重回健康稳定

2021年7月22日，在广西柳州市融水苗族自治县白云乡瑶口村甲报瑶寨，一名抱着孙辈的红瑶族（瑶族的一支）妇女正在投票。

发展轨道，造福两国，惠及世界。

他指出，世界正处于一个重大历史转折点，各国既需要面对前所未有的挑战，也应该抓住前所未有的机遇。我们应该从这个高度看待和处理中美关系。中美关系不应该是你输我赢、你兴我衰的零和博弈，中美各自取得成功对彼此是机遇而非挑战。宽广的地球完全容得下中美各自发展、共同繁荣。双方应该正确看待对方内外政策和战略意图，确立对话而非对抗、双赢而非零和的交往基调。

与此同时，习近平主席指出，自由、民主、人权是人类的共同追求，也是中国共产党的一贯追求。美国有美国式民主，中国有中国式民主，都符合各自的国情。中国全过程人民民主基于中国国情和历史文化，体现人民意愿，我们同样感到自豪。任何国家的民主制度都不可能至善至美，都需要不断发展完善。对双方存在的具体分歧，可以进行探讨，前提是平等交流。所谓"民主对抗威权"不是当今世界的特点，更不符合时代发展的潮流。[1]

他的论述极具针对性，十分在理，十分深刻。短短一席话，习近平主席集中阐述了中国共产党关于民主的六个基本观点：一是，如同习近平总书记多次说过的"民主是全人类的共同价值，是中国共产党和中国人民始终不渝坚持的重要理念"[2]，民主作为全人类的共同追求，也是中国共产党的一贯追求；二是，如同习近平总书记说过的"实现民主有多种方式，不可能千篇一律"[3]，各个国家的民主既有共性，又有各自的个性，关键看是否符合本国的国情；三是，中国全过程人民民主作为中国式民主，基于中国国情和历史文化，体现中国人民意愿，中国人民为此感到自豪；四是，如同习近平总书记说过的"在人权问题上没有完成时，只有进行时；没有最好，只有更好"[4]，在民主问题上同样也没有最好，只有更好，任何国家的民主制度都不可能至善至美，都需要不断发展完善；五是，对于各个国家在民主问题上存在的具体分歧，可以进行探讨，前提是平等交流；六是，在国家关系上不能

---

[1] 《人民日报》2022年11月15日。
[2] 中共中央党史和文献研究院：《习近平关于尊重和保障人权论述摘编》，中央文献出版社2021年版，第25页。
[3] 中共中央党史和文献研究院：《习近平关于尊重和保障人权论述摘编》，中央文献出版社2021年版，第26页。
[4] 中共中央党史和文献研究院：《习近平关于尊重和保障人权论述摘编》，中央文献出版社2021年版，第3页。

> 背 景
>
> **"民主峰会",一场闹剧**
>
> 习近平主席在巴厘岛会晤时向美国总统提出和阐述中国式民主相关问题,有一个具体背景,这就是2021年12月9日、10日,美国发起的所谓"民主峰会"。这次峰会以视频形式举行,拜登政府在全世界近200个国家中邀请了110个国家和地区参会,而其口号是"反对威权主义、打击贪污、促进人权"。这种打着"民主"旗号,以意识形态划线分裂世界的行为,遭到世界各国人民的强烈不满。尤其是美国一些人在贸易和科技等方面打压中国的同时,把中国纳入"新威权主义"国家的做法,更是不得人心。国际舆论普遍认为,这场所谓的"民主峰会"并不成功,只是一场闹剧。

以意识形态划线,不能把自己不喜欢的国家粗暴地划为"非民主国家",所谓"民主对抗威权"不是当今世界的特点,更不符合时代发展的潮流。

那些把中国共产党领导的新中国列为"非民主国家""新威权主义"国家的做法,是十分荒唐的。从历史上看,在中国近代为民主而奋斗的历史上,有两段历史可以说铁板钉钉、不容否定:一段是孙中山先生领导的辛亥革命推翻统治中国几千年的君主专制制度的历史;另一段是以毛泽东为主要代表的中国共产党领导人民推翻帝国主义、封建主义、官僚资本主义三座大山的历史。中国共产党为民主而生、为民主而

2021年11月12日,在江苏镇江市和平路街道新金江社区,人大代表在听取选民的意见和建议。

兴,民主历来是中国共产党人的崇高追求。凡是中国人都知道,在中国新民主主义革命的历史进程中,国民党是"专制"的代表,共产党是"民主"的代表。比如,当年在世界反法西斯战争和中国抗日战争即将胜利的前夜,中国共产党在党的七大提出抗战胜利后的中国应建立包括中国国民党和中国共产党等党派以及无党派人士在内的"民主联合政府",而国民党方面则提出了维护蒋介石独裁专制统治的政治主张。两相比较,谁主张"民主",谁坚持"专制",可谓一目了然。但是,口口声声说要维护"民主""自由"的美国政府及其来华调停的总统特使,却一味奉行护蒋反共政策,置中国人民日夜期盼的独立、自由、民主、统一、富强之冀望于不顾。

在他们的支持下，蒋介石国民党政府不仅悍然暗杀民主人士、取缔民主党派，甚至悍然发动内战、企图用武力消灭共产党及其领导的人民军队。即使如此，中国共产党依然没有动摇为民主而奋斗的决心和目标，不仅在战场上取得优势后没有凭借武力独霸政权，还主动邀集各民主党派、各人民团体、各社会贤达召开政治协商会议，成立民主联合政府。中国共产党建立的新中国，就是"占人类总数四分之一的中国人从此站立起来"[1]的中国。从现实来看，新中国成立以来特别是改革开放以来，中国共产党从思想理论、制度建设、法律制定、工作作风、工作方法等各个方面推进民主政治建设，中国人民享有了历史上从来没有过的民主。国际上有些人总是以我们犯过"文化大革命"那样的错误抹黑中国共产党和中国，把中国共产党和中国妖魔化为奉行极权主义和专制主义的"新威权主义"的党和国家，但是谁都知道，像"文化大革命"那样的错误，是中国共产党自己纠正的。而且，正是在中国共产党领导的拨乱反正和改革开放过程中，党领导人民深刻总结经验教训，全面加强了民主法治建设。特别是中国特色社会主义进入新时代以来，以习近平同志为核心的党中央从大刀阔斧开展反腐败斗争开始，在全面深化改革中推进国家治理体系和治理能力现代化，全面推进依法治国，创造性地提出发展全过程人民民主，为推进中国特色社会主义民主政治建设做了大量的工作。国际社会有些人罔顾这样的历史和

---

[1]《毛泽东文集》第5卷，人民出版社1996年版，第343页。

背景

找到一条民主的新路

1945年7月1日至5日，国民参政会参政员褚辅成、黄炎培等6人赴延安访问。返回重庆后，黄炎培将在延安的所见所感形成书稿《延安归来》。这本小册子中记载了毛泽东与黄炎培关于历史周期率的谈话，"窑洞对"成为中国共产党发展史上的著名典故。

当延安访问即将结束，毛泽东问及黄炎培有何感想时，黄炎培坦陈多年来心中的远虑。他引用《左传》《礼记·中庸》等典章提出：一人、一家、一团体、一地方，乃至一国，"其兴也勃焉、其亡也忽焉"。一部历史，"政怠宦成""人亡政息"甚至"求荣取辱"都有，总之都没有跳出这周期率。中国共产党执政，如何能跳出这治乱兴衰的历史周期率？毛泽东回答道："我们已经找到新路，我们能跳出这周期率。这条新路，就是民主。只有让人民来监督政府，政府才不敢松懈；只有人人起来负责，才不会人亡政息。"

"窑洞对"不断被后人提起，它蕴含着中国共产党人与民主党派人士坦诚相待的民主精神，体现了中国共产党人能够时刻保持警醒，因此能够建立人民当家作主的国家政权，到实现全过程人民民主，不断地完善中国的社会主义民主政治。

现实，凭借他们强大的舆论工具，把实行民主的中国共产党和中国说成"专制""新威权主义"，这种颠倒是非、混淆黑白的行径是不得人心的。14亿多中国人民心知肚明，正是有了中国共产党人的浴血奋斗和不懈坚持，才使得民主在中国成为现实；中国共产党为在中国实行民主政治奋斗了一百多年，现在还在继续奋斗着。

中国有句老话："群众的眼睛是雪亮的。"民主不是渲染出来的，而是奋斗出来的；有没有民主不是别人说了算，而是自己国家的人民说了算。中国人民是讲究实际的，都懂得真正的民主能够让人民当家作主、给人民带来实惠。"解放区的天是明朗的天，解放区的人民好喜欢，民主政府爱人民呀，共产党的恩情说不完。"这首创作于1943年抗日战争时期的晋绥边区、传唱于解放战争时期并在新中国成立后广泛传唱的歌曲，[1]不仅最能够反映中国共产党是不是实行民主，而且有力地证明了中国共产党实行的民主是多么得人心。在中国共产党领导下，社会主义中国的民主越来越好，这是中国人民的切身感受。2022年1月，全球最大公关咨询公司爱德曼发布一份"全球信任度晴雨表"，报告指出，2021年中国民众对政府信任度高达91%，蝉联全球第一，达到10年来的新高。美国哈佛大学也曾连续多年得出类似民调。这些民调都是第三方民调，从中完全可以看出中国人民是不是享有真实民主、对自己的政府是不是信任的。须知，这不是"宣传"，

---

[1]《解放区的天是明朗的天》原为《边区的天是明朗的天》，词作者为刘西林，曲是根据冀鲁民歌《十二月》的曲调创作的。

而是谁也否定不了的事实。

正如习近平主席在中美两国元首巴厘岛会晤时所说的："中国的全过程人民民主基于中国国情和历史文化，体现人民意愿，我们同样感到自豪。"

同中有异：民主不等于西方民主

在中美两国元首巴厘岛会晤时，习近平主席说："美国有美国式民主，中国有中国式民主。"仅仅"美国式民主"和"中国式民主"这两个概念，就说明了民主是人类共同价值和共同追求，但民主的实现形式在各个国家可以不同，绝不能把民主等同于西方民主或美国民主。

需要指出的是，西方特别是美国有些人有一个极大的认知误区，认为他们的政治制度才是"民主制度"，甚至认为就是民主的唯一形式。在我们有些人的心目中，也把民主等同于西方民主，这是极其糊涂的观念。

记得曾经有道题难住了我："竹子是不是树？"我以为竹子是树，但正确答案是"竹子是草，不是树"。是的，竹子是草本植物，而不是木本植物。它们都是"植物"，但"树"和"草"不一样。即使都是"草"，庭院中柔软匍匐在地的"沿阶草"和亭亭玉立的"翠竹"也不一样。世界就是这么奇妙，本质相同的东西可以有多种多样的形态。如同事物的内容可以由不同的形式来呈现一样，作为全人类共同价值的"民主"，在"同"中也有"异"，它在世界各个国家有着不同的实现形式。

且不说"西方民主"是不是包含欧美发达国家之外，比如东亚、拉美等国家的民主制度，其内涵本来就含糊不清，就以欧美发达国家来说，虽然他们各个国家有着共同的价值观，但他们的民主制度也不是完全一样的。几乎所有研究政治学的专家都认为，美国是典型的总统制国家，英国是最早采用议会制的君主立宪制国家，德国则是议会制共和制国家，而法国几经变革，现在是半总统制半议会制国家。如果了解一下这些国家民主制度形成和发展的历史，他们的民主各有各的历史，各有各的特点。显然，把"民主"等同于"西方民主"，不仅是政治上的误区，而且是知识的误区。但在"西方中心主义"流行的地方或时候，这样的"误区"却常常被人视为"常识"甚至"真理"。

其实，且不说各个国家的民主制度各有各的特点，就是一个国家在其自身发展历史上也会实行不同的民主制度，甚至还会出现反复，比如复辟帝制。这是因为，民主作为政治上层建筑，是随着历史的演进、社会经济生活的发展、社会矛盾的变化而不断发展变化的，其中包括了革命和复辟、前进和倒退等一系列复杂情况。追溯其发生的动因，从根本上说，是由其国内经济政治发展的特点特别是国内的社会矛盾变动情况决定的。法国可以说是最典型的国家。18世纪，法国是一个封建君主制国家；1789年法国大革命后，建立的是君主立宪制；1792年建立的法兰西第一共和国，实行的是民主共和制；1804年至1814年，拿破仑复辟帝制，建立的是法兰西第一帝国；1848年建立的法兰西第二共和国，实行的是民主共和制；1852年拿破仑三世再次复辟帝制，建立的是法兰西第二帝国；1870年至1946年建立的法兰西第三共和国，实行的是民主共和制；1946年至1958年建立的法兰西第四共和国，实行的是议会制民主共和制；1958年至今的法兰西第五共和国，实行的是半总统制半议会制的民主共和制。许多专家认为，法国的制度今后往哪个方向变迁，尚需要进一步观察。把法国作为一个案例，我们可以注意到，一个国家选择什么样的制度，包括实行什么样的民主制度，虽然有一些主观因素，但从根本上说，是由国内经济政治发展的客观情况特别是国内社会矛盾的变化决定的。比如法国从1848年革命建立民主共和国到1852年复辟帝制，这样的事变是怎么发生的，马克思当年在《1848年至1850年的法兰西阶级斗争》和《路易·波拿巴的雾月十八日》中对此作过详尽的分析。他指出，资产阶级革命成功后，资产阶级不久就背叛了一起推翻封建统治的无产阶级，国内阶级矛盾很快就被激化；1849年、1850年由于生产过剩引起的商业危机，加上霍乱传染病的暴发，把法国社会的内部矛盾进一步激化；特别是在法国资产阶级革命中许多矛盾，比如沉重的税赋等，都加在小农身上，引起法国社会中人数最多的小农的强烈不满，而小农又是分散的，不能以自己的名义来保护自己的阶级利益，他们期待路易·波拿巴能够像1789年的拿破仑一样给农民带来好处。但路易·波拿巴利用和欺骗了这些小农，依靠小农的选票当选为共和国总统，然后在1851年12月2日发动政变、解散议会，并通过公民投票使政变合法化。1852年12

2023年3月22日至23日，第二届"民主：全人类共同价值"国际论坛在北京举行。来自100多个国家和地区的300多位嘉宾，以线上线下相结合方式参会，共议民主。

月2日，他通过元老院宣布恢复帝国，路易·波拿巴就这样在复辟帝制中成为拿破仑三世。仅仅这样一个案例，我们就可以认识到，一个国家实行什么样的制度，包括是实行民主制度还是复辟帝制，是实行议会制还是实行总统制，是实行君主立宪制还是实行民主共和制，都是由一个国家的国内经济政治生活的变动及其引起的社会矛盾决定的。世界上没有千篇一律的"民主"，也没有千篇一律的"西方民主"。

因此，把"民主"等同于"西方民主"，充其量只是一个传说。相信这样的传说，不是无知，就是幼稚。至于有些人到处散布这样的传说,就是有意误导人们,以实现他们颠覆别国政权的政治图谋。须知,各个国家的民主之所以不可能是千篇一律的,是因为民主作为政治上层建筑,不仅建立在一定的经济基础之上,还和各个国家人民的实践及其形成的历史和文化有着密切的联系。我们平时讲的"资本主义民主""社会主义民主",是从民主所赖以存在的经济基础来说的;我们平时讲的"资产阶级民主""无产阶级民主",是从民主所赖以建立并代表的阶级基础来讲的;我们平时讲的"美国式民主"或"西方式民主""中国式民主",等等,则是从民主所赖以生成的国家或地区及其历史文化特点来讲的。过去,我们对民主的历史文化因素关注不够,伴随着改革开放的推进和深化,我们越来越意识到历史文化因素对于一个国

资料

社会主义民主政治的本质是人民当家作主

中国《宪法》第二条规定:"中华人民共和国的一切权力属于人民。""人民依照法律规定,通过各种途径和形式,管理国家事务,管理经济和文化事业,管理社会事务。""一切权力属于人民"是中国国家制度的基石,明确国家权力的主体归属和国家政权的人民性质。社会主义民主政治的本质是人民当家作主,人民有权管理国家并享有人身、言论、出版、集会、结社等自由权利和最广泛的民主。

家和地区民主的实现形式及其特点，有着非常密切的关系。德国著名社会学家马克斯·韦伯的成名作《新教伦理与资本主义精神》，研究的就是经过宗教改革形成的新教伦理与理性资本主义之间的关系。尽管韦伯研究的"理性资本主义"主要是经济形态的资本主义，而没有阐述新教伦理与资本主义民主之间的关系，但曾经担任过英国首相的温斯顿·丘吉尔用20年时间所写的《英语民族史》，则以丰富的史实阐述了这两者之间的关系。他在书中讲述了在同中世纪教会斗争中兴起的文艺复兴如何带来了宗教改革，在宗教改革中新教教会如何在欧洲大部分地区纷纷兴起；讲述了在新教怒潮席卷的英国大地如何在反对天主教徒继承王位的斗争中诞生了"辉格党"和"托利党"这两个世界上最早的政党，以及党派斗争是怎么取代残酷的宗教斗争的；讲述了各个阶层在反对力图恢复天主教统治的斗争中，如何在1688年"光荣革命"中把新教确立为国教，并限制王权，建立君主立宪制的。英国的民主制度，之所以是君主立宪制，就是由他们的经济政治发展变动情况和他们的历史文化特点决定的。其实，不只是英国是这样，我们只要考察一下美国为什么会实行两党制，而法国为什么实行多党制，都和他们国家资产阶级革命的历史文化有关。中国也不例外，中国的民主同中国人民争取民主的实践及其历史有关，同中华民族悠久的文化传统有关。正如习近平主席所说的："美国有美国式民主，中国有中国式民主，都符合各自的国情。"这是他在中美两国元首巴厘岛会晤时对民主问题的论述给我们的最大启示。

懂得了这个道理，我们就会明白，那种把"民主"等同于"西方民主"，或者把西方某一个国家的"民主"看作是世界上唯一民主模式的看法或说法，都是没有根据的。习近平总书记曾经深刻地指出："政治制度是用来调节政治关系、建立政治秩序、推动国家发展、维护国家稳定的，不可能脱离特定社会政治条件来抽象评判，不可能千篇一律、归于一尊。在政治制度上，看到别的国家有而我们没有就简单认为有欠缺，要搬过来；或者，看到我们国家有而别的国家没有就简单认为是多余的，要去除掉。这两种观点都是简单化的、片面的，因而都是不正确的。"[1] 过去几年国内外媒体上万花筒般鼓噪的"第X波民主浪潮"和这个国家那个国家的"颜色革命"，以及所谓的"阿拉伯之春"，等等，有几个是给那里的人民带来名副其实"民主"的？

总之，具有理论联系实际光荣传统、以马克思主义中国化为自己不懈追求的中国共产党人，在民主问题上也懂得不能把西方民主等同于民主，照抄照搬西方民主，从来不会成功。对于今天的我们来说，与其从书本或概念出发空谈民主，与其跟着别人鼓噪民主，还不如认认真真研究我们自己国家的民主实践及其积累的可贵经验，做我们自己的民主。

---

[1] 《习近平谈治国理政》第2卷，外文出版社2017年版，第286页。

"面纱"背后：西方民主完美吗

中美两国元首在巴厘岛会晤时，习近平主席说："任何国家的民主制度都不可能至善至美。"这是一个非常深刻的见解。但在一些人心目中，似乎西方的民主特别是美国的民主是最完美的。事实真的是这样的吗？我们不妨看一看西方学者近年来对西方民主的反思。

自美国著名学者萨缪尔·亨廷顿（Samuel Huntington）在20世纪90年代初提出"第三波民主浪潮"，直至苏东剧变和之后发生的"颜色革命""阿拉伯之春"等重大政治事件，世界许多地方转向西方民主价值观和民主制度。与此同时，国际关系也发生了深刻的变动。在如此扑朔迷离的政治变动中，许多人都以为西方的民主是最好的民主。最典型的，是亨廷顿的学生弗朗西斯·福山（Francis Fukuyama），他认为，以美国为代表的西方民主制度已经发展到尽善尽美的程度。福山1989年在美国《国家利益》杂志发表的论文《历史的终结》，认为冷战结束将意味着西方的自由主义战胜法西斯主义和共产主义，历史将终结于西方的自由民主。这一观点在当时影响非常大。但是，2014年8月31日，中评社记者从华盛顿发出的电讯指出：以"自由民主可能象征人类社会文化演进的终点与人类统治最后形态"的"历史终结论"而名闻天下的美国政治学家弗朗西斯·福山最近语出惊人，他认为美国正在腐朽中（America in Decay），除非有来自外部对美国政治秩序的大震荡，激起真正的改革与行动，否则美国三权分立民主政治体系中的弊端带来的美国政治失灵将继续下去。其实，福山自提出"历史终结论"以后，鉴于国际局势接连发生他未曾想到的深刻变动，他已经在许多文章和访谈中修正自己的观点。2021年，他发表的《病入膏肓？特朗普时代如何加速美国政治衰退》一文，更是直接采用了批评西方民主的"民主衰退论"观点。从中我们可以发现，福山从"历史终结论"转向"美国政治秩序衰败论"，不是偶然的。当然，这并不意味着他已经完全改变自己的立场和观点。

事实上，在世界进入21世纪第二个十年和第三个十年之际，不只是福山在修正自己对西方民主的看法，而是在整个世界范围出现了对西方民主的反思。当时，基于西方一些国家发生的政治事件和政治变动，有关"民主衰退""民主危机"的讨论已经成为西方学界的热点。比如拉里·戴蒙德（Larry Diamond）2015年发表的《直面民主衰退》一文，引起学界广泛关注。其实，他在2008年就已经提出"民主衰退"（Democratic Recession）问题，但引起学界关注并开启西式民主是否衰退讨论的是他2015年的这篇论文，显然这不是偶然的。有意思的是，史蒂夫·列维茨基（Steven Levitsky）起初并不同意戴蒙德的观点，认为"民主衰退"言过其实，全球民主状态基本稳定。但在随后两年里，学者们大多认为全球民主发展势头确实已经衰退，但尚未达到危机的程度。到了2018年，列维茨基也改变态度，在他的新著《民主是如何死亡的》中说："全球范围内的自由民主倒退已逐渐成为共识。"近年来，关于"民主衰退""民主危机"的学术论文数量激增。据上海社会科学院中国马克思主义研究所、国外社会主义研究中心统计，截至2022年10月22日，论文标题中含有"民主衰退"相关关键词的文献，从2005年的102篇上升到2021年的960篇。而且，学者们对"民主衰退"一说的态度大致遵循"提出—争论—认同"的演变路径，即越来越多的学者已经认同"民主衰退论"。

西方越来越多的学者注意到，这种"民主衰退"之势已经从新兴民主国家扩展到欧美老牌民主国家。由于"第三波民主浪潮"后，包括"颜色革命""阿拉伯之春"后的那些新兴民主国家并没有享受到民主的红利，相反，许多国家深陷政局动荡、经济停滞、社会分化的困境，于是，民主化的推动者解释说，这些民主转型国家尚未满足"民主巩固"的条件，欧美发达国家的民主制和民主转型国家的区别就在于欧美发达国家已经是"民主巩固"的国家。但是进入21世纪第二个十年，被誉为"民主巩固"的发达国家也出现了问题。包括美国在内的发达国家，激烈的党争导致权力制衡机制失衡、政治极化导致社会撕裂、民主赤字累积导致公民对政治失望，这些情况愈演愈烈，导致西方一些学者自己也感到难以置信。2016年7月，英国剑桥大学政治学与国际研究系教授罗伯特·福阿（Roberto Stefan Foa）和美国霍普金斯大学高级国际问题研究学院教授亚夏·芒克（Yascha Mounk）的文章《民主解固之危：民主脱节》（The Danger of Deconsolidation: The Democratic Disconnect）针对的是一些西方学者提出的"民主巩固"说，针锋相对提出了"民主解固"说。他们认为，自由民主可以走向巩固，也会反向走向解固。他们通过分析公众态度发现，在北美和西欧老牌民主国家的公民尤其是年轻人，在态度、制度、行为层面对自由民主制的信任和忠诚程度明显下降，这表明欧美国家的民主开始"解固"。该文一发表，就引起西方学者和媒体的热议。西方学者对"民主解固"说既有支持、也有质疑，但提出这个问题并能够引起热议这件事本身，就已经说明这个问题确实是一个问题。

我们注意到，西方讨论"民主衰退""民主危机"和"民主解固"的许多学者，他们所强调的"民主"是西方标准的民主，特别是他们把一些新兴国家不再模仿西方民主、开始探索符合自己国家特点的民主发展道路，也看作是"民主衰退"，是从"民主"转向"非自由民主""竞争性威权""新威权主义"，等等，这显然是不明智的。但是，如前所述，他们如此热烈地讨论"民主衰退""民主危机"和"民主解固"，已足以证明习近平主席所说的："任何国家的民主制度都不可能至善至美。"他们在讨论中所例举的事实、所调研的民意，更是告诉了我们，那种把西方民主奉为圭臬的说教，已经被事实粉碎了。我们要做真民主，就应该做中国自己的民主。

其实，从透视学者们对"民主衰退""民主危机"和"民主解固"的热烈讨论中我们可以注意到，这不是他们对西方民主的失望，而是他们中越来越多的人意识到西方民主已经不是"民主"本意的民主。他们没有说出来的是，这种"民主"实际上是被资本操纵的民主，而不是人民自己当家作主的民主。这就是问题的本质所在。尽管有人喜欢把民主当作装饰品来美化自己，有人喜欢把民主当作标签拉帮结派并给国际社会带来分裂或动荡，但民主作为政治上层建筑，从来都是为一定的经济基础及其背后的利益服务的。只要把他们标榜的"民主"所赖以建立的经济基础及其背后的利益关系揭露出来，华丽的"民主"面纱后面处处隐藏着"衰退""危机"或"解固"的真相，而不是"完美"。

以民主的方式对待各国民主制度

在中美两国元首巴厘岛会晤时习近平主席对民主问题的论述，不仅涉及到怎么看一个国家的民主，还涉及到怎么看国与国之间的民主制度。习近平主席说："对双方存在的具体分歧，可以进行探讨，前提是平等交流。"也就是说，各个国家都要以民主的方式对待别的国家的民主制度，而不要动辄把别的国家说成是"非民主国家"，人为地制造所谓"民主对抗威权"的"新冷战"。因为，这既不是当今世界的特点，更不符合时代发展的潮流。

当今世界，国际社会关于民主问题，可以说是众说纷纭。怎么评判一个国家的民主，一个国家怎么评判别的国家的民主问题，涉及到一系列非常复杂的政治问题和国际关系问题。归纳起来，有两个大问题需要我们平心静气地进行讨论。

第一个大问题是，怎么评判一个国家是民主国家还是非民主国家。

之所以提出这个问题，是因为有些人总是以"民主老大"

或"民主祖师爷"自居,动辄就把别的国家说成是"非民主国家",而不讲任何道理。人家不讲道理,我们要讲道理。俗话说:"有理走遍天下。"对于怎么评判一个国家是民主国家还是非民主国家这样的重大问题,更要讲道理。

首先,有一个评判权的归属问题。从根本上说,由于民主是人民的权利,评判一个国家是民主国家还是非民主国家,归根到底,只能由这个国家自己的人民来评判。我们常说:"鞋子合不合脚,只有穿的人才知道。"评判一个国家是不是民主国家,说到底,评判权应该属于这个国家的人民,而不属于别人。不尊重这个国家的人民,甚至剥夺这个国家人民的评判权,本质上是不民主的,甚至是反民主的。

其次,有一个评判标准的问题。如前所说,由于各个国家的经济政治发展的状况和历史文化的特点各不一样,我们不能让一个国家的人民用某一个国家的"民主模式"为"民主标准"去评判自己国家是不是民主国家。评判一个国家是民主国家还是非民主国家,不能离开"民主"的本质属性来讨论和评判。习近平总书记说得好:"评价一个国家政治制度是不是民主的、有效的,主要看国家领导层能否依法有序更替,全体人民能否依法管理国家事务和社会事务、管理经济和文化事业,人民群众能否畅通表达利益诉求,社会各方面能否有效参与国家政治生活,国家决策能否实现科学化、民主化,各方面人才能否通过公平竞争进入国家领导和管理体系,执政党能否依照宪法法律规定实现对国家事务的领导,权力运用能否得到有效制约和监督。"[1]这"八个能否"的背后,是世界民主历史的丰富实践经验,包括中国民主实践的丰富经验,可以说是非常有说服力的。

再次,有一个如何评判的问题。换句话说,评判一个国家是不是民主国家,是根据他们说的来评判,还是根据他们做的来评判。我们历来认为,评判一个国家的制度和治理体系是不是民主的,实践是最好的试金石。古人说:"听其言,不如观其行。"说得好,不如做得好;只说不做,更不好。对此,习近平总书记有一个非常精彩的论述。他说:"民主不是装饰品,不是用来做摆设的,而是用来解决人民的问题的。一个国家民主不民主,关键在于是不是真正做到了人民当家作主,要看人民有没有投票权,更要看人民有没有广泛参与权;要看人民在选举过程中得到了什么口头许诺,更要看选举后这些承诺实现了多少;要看制度和法律规定了什么样的政治秩序和政治规则,更要看这些制度和法律是不是真正得到了执行;要看权力运用规则和程序是否民主,更要看权力是否真正受到人们监督和制约。"[2]这里强调的"四看、四更要看",强调的就是看一个国家是不是民主,不仅要看有哪些制度和规定,更要看这个国家为人民实实在在做了些什么,这个国家的人民是不是真正当家作主了。

最后,还有一个实事求是的评判态度问题。民主,不论在哪一个国家都是在实践中探索、在斗争中完善的。世界上

---

1 《习近平谈治国理政》第4卷,外文出版社2022年版,第258页。
2 《习近平谈治国理政》第4卷,外文出版社2022年版,第258—259页。

没有一个国家的民主制度是十全十美的，中国的民主制度在完善中，西方发达国家的民主制度也不是完美的。习近平总书记在论及人权问题时有句名言："在人权问题上没有最好，只有更好。"在有些人看来，他这样说似乎是在为我国的人权状况进行辩解。错了，这不是辩解，而是真理。习近平总书记2014年在省部级主要领导干部学习贯彻十八届三中全会精神专题研讨班上明确说过："西方领导人向我提人权问题，我就说一句话，在人权问题上没有最好，只有更好。我的意思是，中国人权事业当然还要发展，但你们在人权方面也有很多问题。我这里再明确一下，我们发展人权事业，不是以西方所提的那个标准为圭臬。不论发展到什么阶段，我们的人权事业都要按照我国国情和人民要求来发展，达到了我们确立的目标和水平就是好的，不需要向西方看齐，不需要西方来评判！"[1] 民主问题和人权问题一样，没有最好，只有更好。世界上所有国家的民主制度，都是如此。中美两国元首在巴厘岛会晤时，国家主席习近平明确指出："任何国家的民主制度都不可能至善至美，都需要不断发展完善。"这是实事求是，是辩证法，讲的是民主问题上的真理。我们评判一个国家的民主，必须秉持这样的科学态度。

第二个大问题是，一个国家怎么评判别的国家的民主，或国际社会怎么评判一个国家的民主问题。

尽管我们反复强调评判一个国家是民主国家还是非民主

---

[1] 中共中央党史和文献研究院：《习近平关于尊重和保障人权论述摘编》，中央文献出版社2021年版，第13页。

国家，归根到底只能由这个国家的人民自己来评判，但世界上有些人就是喜欢指手画脚评判别的国家的政治制度，甚至以他们的"民主"为"标准"划线，肆无忌惮地分裂世界。这就需要我们讨论一下国际社会应该怎么评判一个国家的民主问题。同时，国际社会作为一个大家庭，各个国家之间在不干涉别国内政的原则前提下，针对有些国家出现的反民主做法，也需要有一些规则和态度。因此，我们也要认真对待这个问题，讨论一下国际社会在评判一个国家的民主问题时应该遵循哪些原则立场。

对此，习近平总书记说过："民主是各国人民的权利，而不是少数国家的专利。一个国家是不是民主，应该由这个国家的人民来评判，而不应该由外部少数人指手画脚来评判。国际社会哪个国家是不是民主的，应该由国际社会共同来评判，而不应该由自以为是的少数国家来评判。实现民主有多种方式，不可能千篇一律。用单一的标尺衡量世界丰富多彩的政治制度，用单调的眼光审视人类五彩缤纷的政治文明，本身就是不民主的。"[1] 我们可以从中体会到中国共产党在这个问题上的原则立场。中美两国元首在巴厘岛会晤时，习近平主席还加了一条："对双方存在的具体分歧，可以进行探讨，前提是平等交流。"

概括起来，中国共产党和中国政府的原则立场是：

首先，"一个国家是不是民主，应该由这个国家的人民来

---

[1]《习近平谈治国理政》第4卷，外文出版社2022年版，第259页。

评判，而不应该由外部少数人指手画脚来评判"。这个原则立场，我们在前面已经作了充分阐述。

其次，"民主是各国人民的权利，而不是少数国家的专利"，"国际社会哪个国家是不是民主的，应该由国际社会共同来评判，而不应该由自以为是的少数国家来评判"。习近平主席提出"应该由国际社会共同来评判"，而不是少数国家来评判，体现了国际关系民主化的精神。这也是中国共产党和中国政府处理国际问题历来的主张，是和霸权主义、强权政治根本对立的主张。

再次，"对双方存在的具体分歧，可以进行探讨，前提是平等交流"。这是中国共产党和中国政府在处理国与国之间关系，特别是处理国家之间的矛盾和问题时历来的主张，也是在民主问题上处理各方具体分歧时的原则立场和基本做法。习近平主席在巴厘岛会晤美国总统拜登时关于民主问题的一番话，就是一个进行平等交流和探讨的实例。

最后，"用单一的标尺衡量世界丰富多彩的政治制度，用单调的眼光审视人类五彩缤纷的政治文明，本身就是不民主的"。习近平总书记这一论述，不仅阐述了中国共产党和中国政府在一个国家怎么评判别的国家的民主，或国际社会怎么评判一个国家的民主问题时的原则立场，而且是一个重要结论。这个结论就是：用一个国家的民主为"标尺"来评判别的国家是不是民主，本身就是不民主的。

总之，是真民主，就要以民主的方式对待、衡量和评判各个国家的民主政治。把一个国家的民主制度强加于别的国家是不民主的；以一个国家的民主模式来评判别的国家是不是民主也是不民主的。

2019年上海之行和"全过程人民民主"重大理念的提出

2021年中央人大工作会议和全过程人民民主的理论创新

以新型政党制度形成为历史起点的全过程人民民主探索

第二章

"全过程人民民主"的提出和由来

在中美两国元首巴厘岛会晤时，中国国家主席习近平在阐述"美国有美国式民主，中国有中国式民主"的时候，指出"中国全过程人民民主基于中国国情和历史文化，体现人民意愿"。这里强调的"全过程人民民主"，对于中国人来讲，是一个最近几年才接触到的新概念、新理念，对于外国人来讲，更是一个过去没有接触过的，甚至想也没有想到过的新概念、新问题。人们学习新知识的经历和经验告诉我们，对于一门新知识，要了解它、掌握它是很不容易的，只能慢慢来，从头学起。为此，我们先考察和了解一下"全过程人民民主"这个重大政治理念是怎么提出和形成的。

2019年上海之行和"全过程人民民主"重大理念的提出

"全过程人民民主"作为一个重大理念，是习近平总书记2019年11月2日在上海长宁区考察虹桥街道古北小区市民中心时第一次提出的。

上海长宁区虹桥街道古北市民中心

此后,"全过程人民民主"在2021年3月第一次被写进全国人大通过的《全国人民代表大会组织法》。到2021年7月1日,习近平总书记在庆祝中国共产党成立100周年大会上的重要讲话中提出新征程要"发展全过程人民民主"后,这个重大理念在中华大地广为传播开来。同年10月13日,习近平总书记在中央人大工作会议上首次系统论述了什么是"全过程人民民主"。接着,在同年11月举行的党的十九届六中全会上,"全过程人民民主"作为习近平新时代中国特色社会主义思想的重要内容和新时代十年政治建设的重要经

「全过程人民民主」的提出和由来

> **资料**
>
> **"全过程人民民主"的确立**
>
> 2019年11月,习近平总书记在上海市长宁区虹桥街道古北市民中心考察社区治理和服务情况时提出:"我们走的是一条中国特色社会主义政治发展道路,人民民主是一种全过程的民主。所有的重大立法决策都是依照程序、经过民主酝酿,通过科学决策、民主决策产生的。"2021年3月,十三届全国人大四次会议表决通过了《全国人民代表大会关于修改〈中华人民共和国全国人民代表大会组织法〉的决定》,将坚持"全过程人民民主"这一理念第一次写进了《全国人民代表大会组织法》。2021年7月1日,在庆祝中国共产党成立100周年大会上的讲话中,习近平总书记强调要"尊重人民首创精神,践行以人民为中心的发展思想,发展全过程人民民主,维护社会公平正义"。至此,"全过程人民民主"的提法被确立下来。

验、新时代中国共产党的使命任务,写进了这次全会通过的《中共中央关于党的百年奋斗重大成就和历史经验的决议》。到2022年10月16日召开的党的二十大,"全过程人民民主"第一次被作为"中国式现代化"的本质要求和新时代新征程政治建设的重大战略部署,写进了党代会报告。

正是在这样的意义上,我们说"全过程人民民主"是以习近平同志为核心的党中央在深化政治发展规律认识基础上提出的重大理念，是新时代理论创新的重大成果。

那么，习近平总书记2019年11月2日在上海长宁区考察虹桥街道时，是怎么提出"全过程人民民主"这一重大理念的？我们不妨做一个历史回溯。

2019年10月31日，党的十九届四中全会闭幕。这次全会通过的《中共中央关于坚持和完善中国特色社会主义制度、推进国家治理体系和治理能力现代化若干重大问题的决定》，在提出"坚持和完善人民当家作主制度体系，发展社会主义民主政治"的时候，他强调："必须坚持人民主体地位，坚定不移走中国特色社会主义政治发展道路，健全民主制度，丰富民主形式，拓宽民主渠道，依法实行民主选举、民主协商、民主决策、民主管理、民主监督，使各方面制度和国家治理更好体现人民意志、保障人民权益、激发人民创造，确保人民依法通过各种途径和形式管理国家事务，管理经济文化事业，管理社会事务。"[1] 全会闭幕后第二天，习近平总书记就来到上海考察。这次考察显然就是要贯彻落实这次全会精神，通过实地考察指导，推进民主政治建设，提高党和国家的治理现代化水平。

上海是中国最大的经济中心城市，也是世界超大城市的代表，走出一条符合超大城市特点和规律的社会治理新路子，是关系上海稳步发展的重大问题，更是关系整个中国稳步发展的重大问题。11月2日下午，习近平总书记先后来到上海

---

1 《十九大以来重要文献选编》（中），中央文献出版社2021年版，第275页。

市杨浦区和长宁区,深入杨浦滨江和古北社区,就贯彻落实党的十九届四中全会精神、城市公共空间规划建设、社区治理和服务等进行调研。3日下午,他在听取上海市委和市政府工作汇报时,又从全面统筹、抓"牛鼻子"、服务人民、履行责任等方面提出明确要求,作出全方位部署,强调要深入学习贯彻党的十九届四中全会精神,提高城市治理现代化水平。

2日下午,习近平总书记来到杨浦滨江。这里是黄浦江岸线的东端,原来是一个被称为"工业锈带"的老工业区。中国近代以来一些有影响的工厂,比如中国最早的机械造纸厂、中国最早的自来水厂、中国最早的纺织厂、远东最大的毛条生产厂、远东最大的制皂厂、远东最大的火力发电厂,等等,都坐落在黄浦江东岸这段狭窄的江边。老上海人都说这里全是工厂,"临江不见江"。2013年,上海市为推动黄浦江两岸贯通及滨江岸线转型工作,经过大量调查研究,决定在保护和保留极具特色的工业遗存和具有历史记忆的老建筑基础上,把一个以工厂仓库为主的生产岸线转型为以公园绿地为主的生活岸线、生态岸线、景观岸线,昔日的"工业锈带"蝶变为今天的"生活秀带",为上海增添了一道璀璨靓丽的滨江风景线,备受人民群众喜爱。习近平总书记来到这里,考察了杨浦区滨江公共空间杨树浦水厂滨江段,结合视频和多媒体演示听取黄浦江两岸核心区45公里公共空间贯通工程基本情况和杨浦滨江公共空间建设情况汇报。他还兴致勃勃地沿滨江栈桥步行察看黄浦江两岸风貌,了解人文历史和城乡变迁，走进雨水花园实地考察城市环境综合治理和海绵城市建设等情况，并乘观光电瓶车沿途察看渔人码头、杨树浦港旧址等地标景观，对杨浦区科学改造滨江空间、打造群众公共休闲活动场所的做法表示肯定。他指出，文化是城市的灵魂，城市历史文化遗存是前人智慧的积淀，是城市内涵、品质、特色的重要标志。要妥善处理好保护和发展的关系，注重延续城市历史文脉，像对待"老人"一样尊重和善待城市中的老建筑，保留城市历史文化记忆，让人们记得住历史、记得住乡愁，坚定文化自信，增强家国情怀。一路上，他遇到许多正在休闲健身的市民，就同他们亲切交谈。就在这里，他深有感触地指出："人民城市人民建，人民城市为人民。"他说，无论是城市规划还是城市建设，无论是新城区建设还是老城区改造，都要坚持以人民为中心，聚焦人民群众的需求，合理安排生产、生活、生态空间，走内涵式、集约型、绿色化的高质量发展路子，努力创造宜业、宜居、宜乐、宜游的良好环境，让人民有更多获得感，为人民创造更加幸福的美好生活。

临近傍晚，习近平总书记又从上海市区东端的黄浦江边来到上海市区西端临近苏州河的长宁区虹桥街道古北社区市民中心考察。前者是上海以人民为中心推进城市空间科学改造的一个范例；后者则是居住着来自50多个国家和地区居民的社区，是上海推进基层科学治理、民主治理的一个缩影。

长宁区虹桥街道是上海20世纪末改革开放中诞生的新城区，这里有虹桥经济技术开发区和涉外综合住宅区古北新

古北市民中心墙上的"彩虹桥",一头连着虹桥街道,一头连着全国人大常委会。

区,具有人群多样、地域现代、经济发达、资源丰富等特征;这里还有全国基层党建一面旗帜的虹储居民区和被称为"小巷总理"的全国人大代表。2015年7月,全国人大常委会法工委在这里设立基层立法联系点。[1]这个街道后来又先后成为上海市人大常委会和上海市人民政府的基层立法联系点。截至2021年9月,作为全国人大常委会的基层立法联系点,虹桥街道共完成59部法律草案的意见征询工作,上报建议千余条,其中92条被采纳;作为上海市人大基层立法联系点,虹桥街道共完成19部地方性法规草案的意见征询工作,上报建议138条,其中16条被采纳;作为上海市政府基层立法联系

---

[1] 全国人大常委会法工委当时在全国推出4个基层立法联系点试点单位,它们分别是湖北省襄阳市、江西省景德镇市、甘肃省定西市临洮县、上海市长宁区虹桥街道办事处。其中,虹桥街道的立法联系点是唯一设在城市街道的基层立法联系点。

点，虹桥街道共完成6部规章草案的意见征询工作，上报建议34条，其中7条被采纳。

习近平总书记在杨浦滨江考察完已近傍晚，他不辞辛劳又来到虹桥街道古北社区的市民中心。在这里，他又兴致勃勃地听取社区开通社情民意直通车、服务基层群众和参与立法工作等情况介绍，并同正在参加立法意见征询的社区居民代表亲切交流。他还问他们："你们的立法建议上报全国人大常委会前要不要经过地方领导同意？"当听到"不要"的回答时，他十分高兴地说："这就对了！"他强调，你们这里是全国人大常委会建立的基层立法联系点，你们立足社区实际，认真扎实开展工作，做了很多接地气、聚民智的有益探索。人民代表大会制度是我国的根本政治制度，要坚持好、巩固好、发展好，畅通民意反映渠道，丰富民主形式。就是在这里，他深刻地指出："我们走的是一条中国特色社会主义政治发展道路，人民民主是一种全过程的民主，所有的重大立法决策都是依照程序、经过民主酝酿，通过科学决策、民主决策产生的。希望你们再接再厉，为发展中国特色社会主义民主继续作贡献。"[1]

当了解到这里为方便居民生活，市民中心内还设立了餐饮、医疗、法务等各类专业服务机构时，习近平总书记就走向涉外人员服务窗口、老年助餐点。在老年助餐点，他还同正在用餐的居民热情交谈，询问饭菜可不可口、价格贵不贵、

---

[1] 《虹桥故事：全过程人民民主基层实践录》，上海人民出版社、学林出版社2021年版，扉页。

对社区便民服务还有什么新要求。他指出，城市治理是推进国家治理体系和治理能力现代化的重要内容。衣食住行、教育就业、医疗养老、文化体育、生活环境、社会秩序等方面都体现着城市管理水平和服务质量。他要求各级干部要牢记党的根本宗旨，坚持民有所呼、我有所应，把群众大大小小的事情办好。要推动城市治理的重心和配套资源向街道社区下沉，聚焦基层党建、城市管理、社区治理和公共服务等主责主业，整合审批、服务、执法等方面力量，面向区域内群众开展服务，办好一件件民生实事。

11月3日下午，习近平总书记听取了上海市委和市政府工作汇报，对上海各项工作给予肯定。他希望上海认真贯彻

2015年4月1日，在安徽合肥市瑶海区明光路街道填海巷社区"为民服务好不好 群众代表来评议"社区星级工作者民主测评活动现场，居民群众代表正在对社区工作人员的为民服务表现进行现场评议、投票和票选。

落实党中央重大决策部署，持之以恒，再接再厉，奋力创造新时代新奇迹。他强调，要深入学习贯彻党的十九届四中全会精神，提高城市治理现代化水平。要统筹规划、建设、管理和生产、生活、生态等各方面，发挥好政府、社会、市民等各方力量。要抓一些"牛鼻子"工作，抓好"政务服务一网通办""城市运行一网统管"，坚持从群众需求和城市治理突出问题出发，把分散式信息系统整合起来，做到实战中管用、基层干部爱用、群众感到受用。要抓住人民最关心最直接最现实的利益问题，扭住突出民生难题，一件事情接着一件事情办，一年接着一年干，争取早见成效，让人民群众有更多获得感、幸福感、安全感。要履行好党和政府的责任，鼓励和支持企业、群团组织、社会组织积极参与，发挥群众主体作用，调动群众积极性、主动性、创造性，探索建立可持续的运作机制，提高城市治理现代化水平。

习近平总书记在上海考察杨浦滨江和虹桥古北社区的消息很快就传遍了全国，特别是大家从媒体上看到总书记和人民群众亲切交谈的一幅幅照片，尤感亲切。他在杨浦滨江考察时强调"人民城市人民建、人民城市为人民"，在虹桥古北社区考察时强调"人民民主是一种全过程的民主"，从中可以看出习近平总书记心中浓浓的人民情怀，体会到习近平总书记治国理政的基本思想就是一个词："人民民主"。

如果我们联系习近平总书记这次上海之行的重要背景是贯彻落实党的十九届四中全会精神、提高国家治理现代化水平，来认识他在这里提出的"人民城市"和"全过程人民民主"

这两个重大理念及其内在联系，就可以体会到他的治国理政的基本思路和基本思想。习近平总书记提出的"人民城市人民建，人民城市为人民"，揭示了"人民城市"的本质特征。如果说上海黄浦江两岸的高楼大厦群和现代化企业群展现的是这座国际化大都市的"面色"，那么，"人民城市"则是这座国际化大都市的"底色"。对于上海来说，这座国际化大都市的性质和特点，正是由它的"底色"和"面色"结合在一起形成的。如果"面色"褪色了，就意味着这座城市开始走向衰败；如果"底色"褪色了，则意味着这座城市开始改变"颜色"。如何保持上海这座国际化大都市"底色"始终不变、"面色"更加靓丽，就必须按照党的十九届四中全会指出的：坚持人民主体地位，坚定不移走在中国特色社会主义政治发展道路，健全民主制度，丰富民主形式，拓宽民主渠道，依法实行民主选举、民主协商、民主决策、民主管理、民主监督，使各方面制度和国家治理更好体现人民意志、保障人民权益、激发人民创造，确保人民依法通过各种途径和形式管理国家事务，管理经济文化事业，管理社会事务。这就是习近平总书记在上海提出"全过程人民民主"重大理念的重要背景和重要原因。

需要强调指出的是，习近平总书记上海之行提出的"人民城市"和"全过程人民民主"这两个重大理念和重要思想，其意义绝不仅仅在于引领上海当前和今后的繁荣发展，更在于引领中国当前和未来的繁荣发展。对于新中国来讲，尤其是对于新时代的中国来讲，"底色"就是鲜红璀璨的"人民中国"，"面色"就是繁花似锦的"现代化中国"。我们只要始终不渝坚持和完善"全过程人民民主"，就能够从根本上保证"人民中国"的"底色"更加鲜艳，"现代化中国"的"面色"更加鲜亮。

2021年中央人大工作会议和全过程人民民主的理论创新

中国共产党历来认为，认识来自于实践。中国共产党在丰富的民主政治实践基础之上，不断深化对中国民主政治发展规律的认识，把经验上升为理论，不断推进民主理论创新。在习近平总书记提出"全过程人民民主"这一重大理念后，以2021年10月13日习近平总书记在中央人大工作会议上发表的重要讲话为标志，初步形成了系统化的全过程人民民主理论。

在中央人大工作会议上，习近平总书记先是回顾了人民代表大会这一根本政治制度形成的历史过程，总结了党的十八大以来在人民代表大会制度理论和实践创新进程中提出的一系列新理念新思想新要求，提出了坚持和完善人民代表大会制度、加强和改进新时代人大工作的新任务。然后，他在充分肯定"民主是全人类的共同价值，是中国共产党和中国人民始终不渝坚持的重要理念"前提下，深刻地指出："如何把民主价值和理念转化为科学有效的制度安排，转化为具体现实的民主实践，需要注重历史和现实、理论和实践、形

背景

2021年10月，中央人大工作会议在京召开

2021年10月13日，中央人大工作会议在北京召开。这是中国共产党历史上第一次召开的中央人大工作会议，习近平总书记在会上发表了重要讲话。

习近平总书记指出，全过程人民民主将民主价值和理念转化为科学有效的制度安排和具体现实的民主实践，以"中国之治"的巨大成功，进一步突破了西方资本主义民主发展模式和逻辑框架，打破了"美式民主"速成论、普世论、永恒论、万能论等幻象，宣告了所谓各国最终都要以西方制度模式为归宿的历史观的破产。

发展全过程人民民主，党的领导是主心骨，人民代表大会是主要渠道，民主选举、民主协商、民主决策、民主管理、民主监督是关键环节。要用好人民代表大会这一主要民主渠道，支持和保证人民通过人民代表大会行使国家权力，不断扩大人民有序政治参与，依法通过各种途径和形式管理国家事务、管理经济和文化事业、管理社会事务，保证人民的知情权、参与权、表达权、监督权落实到人大工作各方面各环节全过程，确保党和国家在决策、执行、监督落实各个环节都能听到来自人民的声音。

式和内容有机统一，找到正确的体制机制和方式方法。"围绕这个主题，他系统地阐述了什么是民主、什么是中国共产党人高举的人民民主旗帜，系统地阐述了全过程人民民主的科学内涵和重要制度载体等一系列重大理论问题。

关于全过程人民民主，他首先指出，这是我们在新时代深化对民主政治发展规律认识的基础上提出的重大理念。这一重大理念的科学内涵主要有以下五点：

第一，从总体上说，习近平总书记强调指出："我国全过程人民民主不仅有完整的制度程序，而且有完整的参与实践。"[1] 也就是说，民主不仅是一个理念和价值追求，更是一个制度和程序，但又绝不能仅仅停留在制度和程序上，还必须体现在人民群众的政治参与实践上。如果只有制度和程序，没有人民群众的参与，这样的制度和程序充其量只是一纸空文。习近平总书记强调中国的全过程人民民主，具有两个基本特点：一是既有制度程序，又有人民群众的参与实践；二是无论是制度程序，还是人民群众的参与实践，都具有完整性。正是"完整的制度程序"和"完整的参与实践"的统一，构成了"全过程人民民主"。

第二，从制度程序上说，习近平总书记强调指出："我国实行工人阶级领导的、以工农联盟为基础的人民民主专政的国体，实行人民代表大会制度的政体，实行中国共产党领导的多党合作和政治协商制度、民族区域自治制度、基层群众

---

[1] 《求是》杂志，2022年第5期，第13页。

2014年11月19日,西藏自治区在首府拉萨举办"纪念《中华人民共和国民族区域自治法》实施30周年主题展览",展示民族区域自治制度在西藏取得的巨大成就。

自治制度等基本政治制度,巩固和发展最广泛的爱国统一战线,形成了全面、广泛、有机衔接的人民当家作主制度体系,构建了多样、畅通、有序的民主渠道。"[1]我国全过程人民民主在制度设计和程序设计上,有一个完整的体系。这个体系,包括"国体""政体",也包括一系列"基本政治制度",还包括"最广泛的爱国统一战线",由此在民主制度上"形成了全面、广泛、有机衔接的人民当家作主制度体系";与此同时,这一制度体系内在地包含了在民主程序上"构建了多样、畅通、有序的民主渠道"。正是在这个意义上,我们说我国全过程人民民主有着"完整的制度程序"。

---

[1] 《求是》杂志,2022年第5期,第13页。

第三，从参与实践上说，习近平总书记强调指出：在我国的政治生活中，"全体人民依法实行民主选举、民主协商、民主决策、民主管理、民主监督，依法通过各种途径和形式管理国家事务，管理经济和文化事务，管理社会事务。"[1]也就是说，全过程人民民主有完整的参与程序，人民群众可以在"民主选举、民主协商、民主决策、民主管理、民主监督"这五个环节上享有民主权利；可以在"国家事务""经济和文化事务""社会事务"三个方面参与民主管理。而且，这不是一般的宣示或简单的承诺，而是具有制度保障的民主程序。比如有关文件明确规定，人民内部各方面围绕改革发展稳定重大问题和涉及群众切身利益的实际问题，党和政府在决策之前和决策实施之中必须开展广泛协商。也就是，中国的民主制度规定了党和政府必须"先协商后决策"，并可以"在决策实施中通过协商调整决策"。习近平总书记说过："协商就要真协商，真协商就要协商于决策之前和决策实施之中，根据各方面的意见和建议来决定和调整我们的决策和工作更顺乎民意、合乎实际。"[2]正是在这个意义上，我们说我国全过程人民民主能够让人民群众享有"完整的参与实践"。

第四，从根本特点和实际效果上说，习近平总书记强调指出："我国全过程人民民主实现了过程民主和成果民主、程序民主和实质民主、直接民主和间接民主、人民民主和国家意志相统一，是全链条、全方位、全覆盖的民主，是最广泛、

---

[1]《求是》杂志，2022年第5期，第13页。
[2]《习近平谈治国理政》第2卷，外文出版社2017年版，第297页。

最真实、最管用的社会主义民主。"[1]自从民主作为一种理念来到人世间，怎样把这一理念转化为人类共同遵循的价值追求，并进一步转化为人类社会行为的共同规范和社会现实，就成为社会科学研究的一个重大课题。特别是，用什么样的形式来实现民主，是其中最大的课题。在世界文明史上，对于民主的实现形式，在漫长的实践中，各家各派有着各种不同的主张。人们曾经认为，既然民主是人民的权力，那么就可以让公民作为国家的主人直接管理国家事务。例如，古希腊的民主制就是以公民大会为最高立法机关的直接民主制度。但人们发现这种民主在人口众多的国家或地域实现起来有困难，随之，以代议制为特点的间接民主出现了。13世纪的英国是最早实行代议制的国家。在民主实施过程中，有的人认为，不论直接民主还是间接民主，民主就是一个程序，所有人都可以在统一的程序中行使自己的权利，并服从按照程序形成的结论；有的人则认为，程序民主不等于实质民主，程序只是形式，实践证明，即使有了大家必须共同遵守的程序，包括依法办事的程序，也还不能保证人民的权利能够公平地实现，程序不能实现人民当家作主的就不是民主。有的人认为，民主是一个过程，民主过程包括了程序和合法、多元和协商、包容和妥协，民主是在过程中实现的；有的人认为，民主作为一个过程，最终还是要体现在成果上，体现在人民意志的实现上。有的人认为，民主就是人民意志的体现；也有的人

---

[1]《求是》杂志，2022年第5期，第13页。

2022年3月8日，十三届全国人大五次会议在人民大会堂举行第二次全体会议，会议结束后，参会人员走出会场。

认为，人民的意志既是个人的意志，也是人民集体的意志，人民民主应该是人民个人意志和作为人民集体意志的国家意志的统一。因此，民主的实现是一个非常复杂的问题，在民主理论研究中，过程民主和成果民主、程序民主和实质民主、直接民主和间接民主、人民民主和国家意志如何协调统一，是其中的关键。中国是一个人口众多、地域辽阔而各地经济文化发展又不平衡的国家，还是一个由56个民族组成的多民族国家。从新中国建立前夕的制度设计，到新中国成立后的民主实践中，中国共产党始终在探索怎么能够找到符合中国实际又能够解决世界民主实践中诸多难题的民主实现形式。习近平总书记在阐述中国全过程人民民主的根本特点时强调，我们在长期的民主政治实践中找到了"过程民主和成果民主、程序民主和实质民主、直接民主和间接民主、人民民主和国家意志相统一"的民主实现形式。还强调这一实现形式，是"全链条、全方位、全覆盖的民主"，是"最广泛、最真实、最管用的社会主义民主"。

第五，从发展方向上说，习近平总书记强调指出："我们要继续推进全过程人民民主建设，把人民当家作主具体地、现实地体现到党治国理政的政策措施上来，具体地、现实地体现到党和国家机关各个方面各个层级工作上来，具体地、现实地体现到实现人民对美好生活向往的工作上来。"[1] 也就是说，尽管中国在民主实践中创造的全过程人民民主有许多优越性，但中国共产党人并不满足，并不认为现有的民主制度程序和参与实践都已经很完美。中国共产党领导人民创造的全过程人民民主还在实践中，还要继续完善和发展，方向就是这里强调的三个要求：一是把人民当家作主具体地、现实地体现到党治国理政的政策措施上；二是把人民当家作主具体地、现实地体现到党和国家机关各个方面各个层级工作上；三是把人民当家作主具体地、现实地体现到实现人民对美好生活向往的工作上。与此同时，习近平总书记还指出："人民代表大会制度是实现我国全过程人民民主的重要制度载体。"[2]

---

[1] 《求是》杂志，2022年第5期，第13页。
[2] 《求是》杂志，2022年第5期，第13页。

把这一根本的政治制度建设好，就是在完善和发展全过程人民民主。

显然，习近平总书记在中央人大工作会议上的重要讲话意义非常重大，系统地阐述了全过程人民民主的科学内涵和如何完善发展等一系列重大理论问题，是中国共产党人在新时代推进民主政治建设的重大理论创新成果。

以新型政党制度形成为历史起点的全过程人民民主探索

我们要认识到，全过程人民民主是中国共产党领导人民在长期的历史探索中形成的。从中国共产党领导的多党合作和政治协商制度的形成和毛泽东提出"人民民主专政"建国纲领并在这个纲领指导下建立新中国为历史起点，到建立全国人民代表大会这一根本政治制度，中国共产党就在不断探索符合中国国情的民主政治。从邓小平提出民主要制度化、法律化，并在拨乱反正中加强和完善中国特色社会主义政治制度开始，中国共产党在民主政治实践中提出了依法治国这一基本方略，强调中国民主包括选举民主和协商民主两种民主形式，还把尊重和保障人权写进宪法和党章，一直到以习近平同志为核心的党中央坚持全面从严治党，在大张旗鼓开展反腐败斗争的同时深入开展群众路线教育实践活动，在全面深化改革中坚持和完善中国特色社会主义制度、推进国家治理体系和治理能力现代化，全面推进社会主义法治国家建设，等等，所有这些探索、这些创造、这些成果，如同涓涓细流，今天已经汇聚成一条"全过程人民民主"的大河。

在这个长期的历史探索过程中，大体经历了4个重要发展阶段：

第一个阶段，1949年中国共产党领导的多党合作和政治协商制度这一新型政党制度的形成，是中国式民主的历史起点，也是中国全过程人民民主的历史起点。

在中国共产党成立前，中国是一个半殖民地半封建的国家。毛泽东说过，那时，束缚中国人民的有"四条极大的绳索"，一是反动的"政权"，二是封建宗法制度下的"族权"，三是主宰人们灵魂的"神权"，四是对于女性来讲还有一个受丈夫支配的"夫权"。[1] 中国著名文学家鲁迅有部小说，叫《狂人日记》，揭露旧中国是一个"吃人"的社会。因此，后来成为中国共产党领导人的陈独秀，当年在领导新文化运动时高高地举起了"民主"和"科学"两面旗帜。1921年7月，怀着为中国人民谋幸福、为中华民族谋复兴远大理想的中国共产党在上海诞生后，就义无反顾地踏上了为实现中国民主而奋斗的道路。

到1947年秋，中国共产党领导的人民解放战争已经赢得了战场上的优势，夺取全国政权的条件成熟了。此时此刻，中国共产党做出了一个历史性的决定：和中国其他民主党派以及无党派民主人士共同建立新中国。1948年4月30日，

---

[1]《毛泽东选集》第1卷，人民出版社1991年版，第31页。

中国共产党发表了著名的"五一口号"。这个历史性文献的第五条是毛泽东亲自加上去的,内容是:"各民主党派、各人民团体、各社会贤达迅速召开政治协商会议,讨论并实现召集人民代表大会,成立民主联合政府!"[1]这是建立新中国、建立中国民主政治制度进程中一个极其重要的战略步骤。5月5日,中国国民党革命委员会、中国民主同盟、中国民主促进会、致公党、中国农工民主党、中国人民救国会、中国国民党民主促进会、三民主义同志联合会和无党派人士代表联名致电毛泽东,响应中国共产党的"五一口号"。接着,各个党派各个人民团体纷纷发表通电响应中国共产党的号召。1949年1月22日,55名享有盛名的民主党派和无党派民主人士联名发表《我们对于时局的意见》,向海内外公开宣示:"愿在中共领导下,献其绵薄,共策进行,以期中国人民民主革命之迅速成功,独立、自由、和平、幸福的新中国之早日实现。"[2]各民主党派之所以主动表示愿意接受中国共产党的领导,是因为他们在为民主而奋斗的历史进程中经历过辛亥革命后"议会制""多党制""总统制"的失败,遭受过国民党当局的迫害和镇压,亲眼目睹一些著名的民主人士惨遭国民党当局杀害;与此同时,他们看着中国共产党是怎么在白色恐怖条件下为中国民主而艰辛奋斗的,在北伐战争和抗日战争中和中国共产党合作过,并在抗日战争胜利后和中国共产

---

[1] 《人民政协重要文献选编》(上),中央文献出版社、中国文史出版社2009年版,第1页。
[2] 《人民政协重要文献选编》(上),中央文献出版社、中国文史出版社2009年版,第6页。

党一起为建立民主联合政府共同奋斗过,他们从中国共产党身上看到了中国民主的希望。这就为中国共产党和各民主党派之间形成新型的政党关系奠定了重要基础。就是在这一新型政党关系基础上,中国共产党和各个党派、各个界别的代表召开了建立新中国的中国人民政治协商会议,而中国人民政治协商会议的召开,又标志着中国新型政党制度的形成。如果对比一下世界上最早的英国政党制度的形成,就可以发现,中国是在政党合作而不是在政党竞争中建立民主制度的。由此决定了新中国的民主制度不再是已经为中国历史反复证明了的、在中国行不通的多党竞选的民主制度。理解了这一点,就可以理解中国是怎么踏上中国式民主之路,探索和形成全过程人民民主的。

1949年6月15日,新政治协商会议筹备会议在北平(今北京)开幕,这是建立新中国新型民主政治制度的开端。在新政协筹备会议期间,毛泽东针对会议上提出的各种带有根本性的问题,在1949年6月30日发表了《论人民民主专政》。这部著作回顾了中国人民为民主而奋斗的历史,指出先进的中国人曾经千辛万苦向西方寻找真理,向西方学得很不少,但行不通,理想总是不能实现,多次奋斗包括像孙中山先生领导的辛亥革命那样全国规模的运动都失败了。因此,"西方资产阶级的文明,资产阶级的民主主义,资产阶级共和国的方案,在中国人民的心目中,一齐破了产。资产阶级的民主主义让位给工人阶级领导的人民民主主义,资产阶级共和国

2021年7月19日傍晚，浙江德清县乾元镇城北村官庄片下窑组，人大代表倾听民声、了解民情。

让位给人民共和国。"[1] 在此基础上，毛泽东在这部著作创造性地提出，新中国的国体是"人民民主专政"。他指出："总结我们的经验，集中到一点，就是工人阶级（经过共产党）领导的以工农联盟为基础的人民民主专政。""这就是我们的公式，这就是我们的主要经验，这就是我们的主要纲领。"[2] 人民民主专政是对人民的民主和对反动派的专政这两方面结合起

---

1 《毛泽东选集》第4卷，人民出版社1991年版，第1407页。
2 《毛泽东选集》第4卷，人民出版社1991年版，第1480页。

"全过程人民民主"的提出和由来

来的国家制度。在回答"人民是什么？"这一问题时，毛泽东说，在中国，在现阶段，人民是工人阶级、农民阶级、城市小资产阶级和民族资产阶级。这里，和世界上许多共产党领导的国家不同的是，民族资产阶级在新中国是当家作主的"人民"的一员，是民主的主体而不是专政的对象。《论人民民主专政》的发表，不仅为完成新政协的筹备工作、顺利召开中国人民政治协商会议统一了大家的思想，而且确定了建立新中国民主政治的基本纲领。"人民民主专政""人民民主"这些新概念，就是在这部著作中提出的。

在"人民民主专政"这一马克思主义中国化的建国纲领指导下，1949年9月21日到30日，顺利召开了中国人民政治协商会议第一届全体会议。就是在这次具有重大历史意义的会议上，讨论通过了《中国人民政治协商会议共同纲领》，并依据这个共同纲领讨论通过了《中华人民共和国中央人民政府组织法》《中国人民政治协商会议组织法》，宣告成立了中华人民共和国，选举产生了以毛泽东为主席的中央人民政府。这次会议还决定：中华人民共和国的国都定于北平，将北平改为北京；采用公元纪年；以创作于抗日战争的《义勇军进行曲》为代国歌；国旗为五星红旗。中国人民政治协商会议第一届全体会议的召开和《中国人民政治协商会议共同纲领》的通过，不仅标志着中华人民共和国的诞生，同时也标志着中国共产党领导的多党合作和政治协商制度这一新型政党制度的形成。

需要指出的是，《中国人民政治协商会议共同纲领》明确：

2016年12月2日，安徽合肥市合作化南路社区工作人员为高龄老人送去选民证，方便选民在人大换届选举日当天行使好自己的民主权利。

"中华人民共和国的国家政权属于人民。人民行使国家政权的机关为各级人民代表大会和各级人民政府。各级人民代表大会由人民用普选方法产生之。各级人民代表大会选举各级人民政府。各级人民代表大会闭会期间，各级人民政府为行使各级政权的机关。"与此同时，共同纲领明确："中国人民政治协商会议为人民民主统一战线的组织形式。""在普选的全国人民代表大会召开以前，由中国人民政治协商会议的全体会议执行全国人民代表大会的职权"。[1]新中国就是在中国人民政治协商会议上宣告成立的，中国式民主就是伴随着中国共产党领导的多党合作和政治协商制度这一新型政党制度的

---

1 《人民政协重要文献选编》（上），中央文献出版社、中国文史出版社2009年版，第82—83页。

"全过程人民民主"的提出和由来

形成而形成的。中国不同于西方民主政治的全过程人民民主就是在这样的基础上形成的。

第二个阶段，1954年全国人民代表大会的召开和人民代表大会制度这一根本政治制度的正式建立，以及此后对完善中国民主政治的探索，为形成全过程人民民主这一中国式民主奠定了制度基础。

按照中国共产党最早提出的建国方案，是通过召开全国人民代表大会建立新中国，但由于国民党政府垮台后解放战争还在进行中，没有条件普选人民代表，经中国共产党和各个民主党派商量，决定中国人民政治协商会议代行全国人民代表大会职权，通过政治协商会议建立新中国。新中国成立后，随着国内战争的结束、农村土地改革的完成、国民经济的恢复，1952年底经中国共产党提议，由全国政协向中央人民政府建议召开全国人民代表大会和地方各级人民代表大会，并开始进行起草选举法和宪法草案等准备工作。中央人民政府在1953年1月作出召开全国和地方各级人民代表大会的决议，在2月审议通过选举法并于3月1日颁布施行。这样，经过中国第一次全国人口调查和选民登记、召开地方各级人民代表大会并选举参加全国人民代表大会的人民代表，以及起草提交全国人民代表大会审议的宪法草案等准备工作，1954年9月下旬，第一届全国人民代表大会在北京隆重举行。人民代表大会制度这一中国的根本政治制度，就这样在1954年诞生了。

这一制度是中国共产党领导人民在人类政治制度史上的

伟大创造，是在中国政治发展史乃至世界政治发展史上具有重大意义的全新政治制度。因为，依照中华人民共和国宪法，国家一切权力属于人民，人民行使国家权力的机关是各级人民代表大会；各级人民代表大会都由民主选举产生，对人民负责、受人民监督；各级国家行政机关、监察机关、审判机关、检察机关都由人民代表大会产生，对人民代表大会负责、受人民代表大会监督；实行决策权、执行权、监督权既合理分工又相互协调，保证国家机关依照法定权限和程序行使职权、履行职责；坚持在党中央统一领导下，充分发挥地方主动性和积极性，保证国家统一高效组织推进各项事业。也就是说，这一制度采取民主集中制，由各级人民代表大会决定大政方针、选举政府。它是民主的，又是集中的，是在民主基础上的集中，又在集中指导下的民主。这个制度，既能实现广泛的民主，使各级人民代表大会拥有高度的权力，又能集中处理国事，使各级政府能集中地处理被各级人民代表大会所委托的一切事务，并保障人民一切必要的民主活动。显然，这一制度和西方的"两院制""三权分立"的政体是完全不同的。实践证明，中国的人民代表大会制度是符合中国国情和实际、体现社会主义国家性质、保证人民当家作主、保障实现中华民族伟大复兴的好制度，是中国政治制度发展历史上的一次伟大变革。

我们知道，任何一个制度都有一个完善和发展的过程，一个新制度的诞生不等于这一制度已经完善，人民代表大会制度也不例外。在建立人民代表大会制度后，中国共产党进一步认识到,在中国这样一个经济文化落后的国家建设社会主义,必须调动一切积极因素,严格区分和正确处理敌我矛盾和人民内部矛盾,走出一条中国工业化道路,为此就要"造成一个又有集中又有民主,又有纪律又有自由,又有统一意志、又有个人心情舒畅、生动活泼,那样一种政治局面"[1];与此同时,中国共产党进一步认识到自己作为一个执政党面临着脱离实际和脱离群众的危险,必须在坚持党的领导的同时加强党内民主,坚持党的群众路线,健全党的民主集中制,包括"坚持真理,随时修正错误"[2]。遗憾的是,后来发生的"文化大革命"错误使党、国家、人民遭到新中国成立以来最严重的挫折和损失。新中国虽然经历了这些严重曲折,但中国共产党在社会主义革命和社会主义建设中取得的独创性理论成果和巨大成就,为在新的历史时期开创中国特色社会主义提供了宝贵经验、理论准备、物质基础。其中,就包括了人民代表大会制度这一根本政治制度,包括了中国共产党领导的多党合作和政治协商制度、民族区域自治制度、基层群众自治制度等基本政治制度和团结一切可以团结的力量组成的统一战线,它们为形成全过程人民民主这一中国式民主奠定了制度基础。

第三个阶段,1978年底,党的十一届三中全会召开并提出民主要制度化法律化,中国共产党领导人民在改革开放中开辟了中国特色社会主义道路,中国民主政治的探索进入了

---

[1] 《建国以来毛泽东文稿》第6册,中央文献出版社1992年版,第543页。
[2] 《毛泽东文集》第8卷,人民出版社1999年版,第291页。

2014年11月30日，山东聊城大学志愿者来到马官屯村开展"讲法律，助选举"主题宣传活动。大学生携带《选举法》《村民委员会组织法》《民主选举条例》等有关民主选举书籍，现场给村民讲解相关法律知识，为他们选出心目中的当家人提供了法律保障。

快车道，为实现中华民族伟大复兴提供了充满活力的体制保障。

以党的十一届三中全会为标志，中国开启了改革开放和社会主义现代化建设新时期。中国改革开放总设计师邓小平为推进现代化事业的发展，汲取"文化大革命"的教训，他提出："必须使民主制度化、法律化，使这种制度和法律不因领导人的改变而改变，不因领导人的看法和注意力的改变而改变。"[1] 提出这一问题，从根本上说，是鉴于中国实现社会主义现代化的需要和工作中存在的问题。正如邓小平指出的："没

---

[1] 《邓小平文选》第2卷，人民出版社1994年版，第146页。

有民主就没有社会主义,就没有社会主义的现代化。""我们过去对民主宣传得不够,实行得不够,制度上有许多不完善,因此,继续努力发扬民主,是我们全党今后一个长时期的坚定不移的目标。"[1]同时,这也是鉴于"文化大革命"的教训和当时的社会思潮提出来的。"文化大革命"名义上是直接依靠群众,实际上既脱离了党的组织,又脱离了广大群众。历史和现实的经验教训告诉我们,"抽象地空谈民主,那就必然会造成极端民主化和无政府主义的严重泛滥,造成安定团结政治局面的彻底破坏,造成四个现代化的彻底失败"。[2]在以邓小平为主要代表的中国共产党人的大力推动下,在重新确立解放思想、实事求是的思想路线的同时,充分发扬社会主义民主,包括经济民主;在拨乱反正、平反冤假错案的同时,制定新宪法,并按照民主化和法制化紧密结合的要求努力推进社会主义民主政治建设;在坚持以经济建设为中心推进现代化建设的同时,积极推进经济体制改革和推进政治体制改革,特别是改革了党和国家领导制度。与此同时,强调要坚持"四项基本原则",同资产阶级自由化划清界限,保证社会主义民主在健康的轨道上发展。

党的十三届四中全会后,以江泽民为主要代表的中国共产党人在严峻的国内外形势下,把中国特色社会主义推向21世纪的历史进程中,大力推进民主政治建设。特别是,党领导人民在确立社会主义市场经济体制改革目标的同时,积极

---

[1] 《邓小平文选》第2卷,人民出版社1994年版,第168页。
[2] 《邓小平文选》第2卷,人民出版社1994年版,第176页。

中国民主促进会作为中国八个参政党之一，自2016年以来与各民主党派一道，承担起脱贫攻坚民主监督的工作。2019年5月，民进中央调研组在湖南城步苗族自治县开展脱贫攻坚民主监督调研。

稳妥推进政治体制改革，发展社会主义民主，建设社会主义政治文明，以适应市场经济发展的需要；还把"依法治国"确立为党治理国家的基本方略，强调坚持党的领导、人民当家作主、依法治国要有机统一，坚持依法治国和以德治国相结合，并把"尊重和保障人权"写进宪法和党章，以适应市场经济和民主政治发展的需要。为充分调动各方面积极性，党在巩固和发展最广泛的爱国统一战线时，进一步明确中国共产党领导的多党合作和政治协商制度是我国一项基本政治制度；还强调各民主党派不是在野党和反对党，而是同共产党亲密合作的友党和参政党，完善了中国共产党领导的多党合作和政治协商这一新型政党制度。与此相联系，党还总结中国民主政治建设的历史经验，提出通过选举民主和协商民主两种形式推进中国民主政治建设。江泽民深刻指出："人民通过选举、投票行使权利和人民内部在选举和投票之前进行充分协商，尽可能就共同问题取得一致意见，是我国社会主义民主的两种重要形式。这是西方民主无可比拟，也是他们无法理解的。"他还说："两种形式总比一种形式好，更能真实体现社会主义社会人民当家作主的权利。"[1] 诸如此类历史性进步，开创了全面改革开放新局面，从根本上调动了中国人民的积极性、主动性、创造性。

党的十六大后，以胡锦涛为主要代表的中国共产党人在推进实践创新、理论创新、制度创新的历史进程中，进一步推进民主政治建设。党在领导人民全面建设小康社会的时候，进一步把执政党建设问题和国家民主政治发展问题结合起来，提出要加强党的执政能力建设，坚持科学执政、民主执政、依法执政，强调其核心是要为人民执好政、掌好权；并在此基础上，强调党内民主是党的生命，要健全党内民主制度体系，以党内民主带动人民民主。与此同时，提出要在坚持科学立法、民主立法进程中形成以宪法为统帅，以宪法相关法、民法商法等多个法律部门的法律为主干，由法律、行政法规、地方性法规等多个层次的法律规范构成的中国特色社会主义法律体系。为切实推进中国民主政治建设，党中央高度重视发挥好人民代表大会和人民政协的作用，一方面，健全人民

---

[1] 《人民政协重要文献选编》（中），中央文献出版社、中国文史出版社2009年版，第506页。

代表民主选举制度并探索各级领导干部民主选拔办法；另一方面，健全人民政协的政治协商、民主监督、参政议政三大职能，并强调选举民主和协商民主相结合是中国社会主义民主的一大特点。

可以说，党的十一届三中全会实现了党的历史上具有深远意义的伟大转折，中国进入改革开放和社会主义现代化建设新时期后，不断解放思想、开拓进取，持续推进社会主义民主政治建设，从理论和实践的结合上创造了许多新经验、创建了许多新体制，为实现中华民族伟大复兴提供了充满活力的体制保障。

第四个阶段，2012年11月党的十八大召开，标志着中国特色社会主义进入新时代，中国社会主义民主在制度化、规范化、程序化轨道上全面推进，中国特色社会主义法治体系不断健全，并形成了"全过程人民民主"这一重大理念。

以习近平为主要代表的中国共产党人深深懂得"办好中国的事情，关键在党""治国必先治党，治党务必从严"，欲加强中国民主政治建设，必先加强执政党建设。党在全面从严治党的历史进程中，一方面，坚持思想建党和制度治党相结合，以上率下正风肃纪，扎实开展以为民、务实、清廉为主要内容的群众路线教育实践活动和"不忘初心、牢记使命"主题教育活动、党史学习教育等活动，完善新时代党内政治生活和党内监督等各方面党规党法；另一方面，大张旗鼓开展反腐败斗争，打"老虎"、拍"苍蝇"、猎"狐狸"，在党内形成不敢腐的高压态势，并积极构建不能腐、不想腐的制度机制，还大力扭转干部队伍中存在的形式主义、官僚主义、享乐主义和奢靡之风，坚决取消特权思想和特权现象。这些雷厉风行的举措，从根本上改进了党群关系、干群关系，从而在党的自我革命中，在全党上下进一步坚持了人民至上的立场、全心全意为人民服务的根本宗旨、从群众中来到群众中去的根本工作路线，为中国民主政治建设奠定了最重要的基石。

以习近平为主要代表的中国共产党人深深懂得，坚持和完善中国特色社会主义民主政治制度，必须全面深化改革。党的十八大闭幕不久，习近平总书记就到中国改革开放前沿广东考察，宣示将坚定推进改革开放。经过大量调查研究和深思熟虑，习近平总书记决定新一轮改革不能在某一个领域推进或零打碎敲地碎片化推进，果断地作出了以完善和发展中国特色社会主义制度、推进国家治理体系和治理能力现代化为总目标的全面深化改革大决策。他说："今天，我们党处在这样的历史方位上，摆在我们面前的一项重大历史任务，就是推动中国特色社会主义制度更加成熟更加定型。可以这么说，从形成更加成熟更加定型的制度看，我国社会主义实践的前半程已经走过了，前半程我们的主要历史任务是建立社会主义基本制度，并在这个基础上进行改革，现在有了很好的基础。后半程，我们的主要历史任务是完善和发展中国特色社会主义制度，为党和国家事业发展、为人民幸福安康、为社会和谐稳定、为国家长治久安提供一整套更完备、更稳定、更管用的制度体系。这项工程极为宏大，零敲碎打调整

> **案例**

装满了民意的《民法典》

在《民法典》编纂的过程中，立法机关通过召开座谈会、开展立法调研和专项调查、公开草案征求社会公众意见等多种方式，听取各方面意见建议，回应社会关切。

为编纂好《民法典》，全国人大常委会法工委在2015年至2020年长达5年多的编纂工作中，先后10次通过中国人大网公布草案征求社会公众意见，将草案印发全国人大代表、中央有关部门、地方人大、基层立法联系点征求意见，征集到42.5万人提出的102万多条意见建议，各方面意见建议都得到尊重和研究并在法律中有所体现。这是西方国家的民主形式所无法比拟的。

诸多事关人民群众切身利益的法律，如个人信息保护法、军人地位和权益保障法、著作权法、未成年人保护法、药品管理法、个人所得税法等的制定和修改，凝聚着广大人民群众的热情、心血和智慧，每一部法律都装满了民意。

不行，碎片化修补也不行，必须是全面的系统的改革和改进，是各领域改革和改进的联动和集成，在国家治理体系和治理能力现代化上形成总体效应、取得总体效果。"[1]中共中央在十八届三中、四中全会，十九届三中、四中全会通过了一系列重要决定，坚持和完善中国特色社会主义制度、推进国家治理体系和治理能力现代化，建设社会主义法治体系、建设社会主义法治国家，深化党和国家机构改革。这些决定，都强调要健全人民当家作主制度体系，扩大人民有序政治参与，保证人民依法行使民主选举、民主协商、民主决策、民主管理、民主监督，发挥人民群众积极性、主动性、创造性，巩固和发展生动活泼、安定团结的政治局面。

以习近平为主要代表的中国共产党人深深懂得，民主的本质就是人民当家作主。推进人民民主，最重要的，就是要在制度程序和参与方式上能够确保广大人民群众行使民主权利。习近平总书记指出："古今中外的实践都表明，保证和支持人民当家作主，通过依法选举、让人民的代表来参与国家生活和社会生活的管理是十分重要的，通过选举以外的制度和方式让人民参与国家生活和社会生活的管理也是十分重要的。人民只有投票的权利而没有广泛参与的权利，人民只有在投票时被唤醒、投票后就进入休眠期，这样的民主是形式主义的。"[2]因此，他反复强调社会主义民主不仅需要完整的制度程序，而且需要完整的参与实践。党的十八大以来，中国

---

[1]《习近平关于社会主义政治建设论述摘编》，中央文献出版社2017年版，第6—7页。
[2]《习近平谈治国理政》第2卷，外文出版社2017年版，第293页。

一场别开生面的、由街道议事代表参与的辩论会，拉开了
北京奥运村街道一次议事协商会的序幕。

「全过程人民民主」的提出和由来

67

采取多种形式,包括线上线下等各种丰富多样的形式,让人民群众能够直接地而不是间接地参与国家生活和社会生活的管理。比如,中共中央在全面推进依法治国的决定中,遵循以人民为主体的原则,在深入推进科学立法、民主立法的举措中提出人民代表大会要"建立基层立法联系点",政府要"完善公众参与政府立法机制"[1],等等。习近平总书记去考察并提出"全过程人民民主"的上海市长宁区虹桥街道的基层立法联系点,就是根据这样的要求建立的。

以习近平为主要代表的中国共产党人深深懂得,"发展社会主义民主政治,关键是要增加和扩大我们的优势和特点,而不是要缩小我们的优势和特点。"[2] 习近平总书记指出:"我们需要借鉴国外政治文明有益成果,但绝不能放弃中国政治制度的根本。"[3] 为此,他在领导全面深化改革、推进中国民主政治建设的时候,反复强调"六坚持六防止",即:一要坚持发挥党总揽全局、协调各方的领导核心作用,提高党科学执政、民主执政、依法执政水平,保证党领导人民有效治理国家,切实防止出现群龙无首、一盘散沙的现象;二要坚持国家一切权力属于人民,既保证人民依法实行民主选举,也保证人民依法实行民主决策、民主管理、民主监督,切实防止出现选举时漫天许诺、选举后无人过问的现象;三要坚持和完善中国共产党领导的多党合作和政治协商制度,

---

[1]《十八大以来重要文献选编》(中),中央文献出版社2016年版,第161页。
[2]《习近平谈治国理政》第2卷,外文出版社2017年版,第289页。
[3]《习近平谈治国理政》第2卷,外文出版社2017年版,第286页。

加强社会各种力量的合作协调，切实防止出现党争纷沓、相互倾轧的现象；四要坚持和完善民族区域自治制度，巩固平等团结互助和谐的社会主义民族关系，促进民族和睦相处、和衷共济、和谐发展，切实防止出现民族隔阂、民族冲突的现象；五要坚持和完善基层群众自治制度，发扬基层民主，保障人民直接行使民主权利，切实防止出现人民形式上有权、实际上无权的现象；六要坚持和完善民主集中制的制度和原则，促使各类国家机关提高能力和效率、增进协调和配合，形成治国理政的强大合力，切实防止出现相互掣肘、内耗严重的现象。事实上，中国式民主就是在这"六坚持六防止"中形成的。或者说，中国式民主就是"六坚持六防止"的社会主义民主。

综上所述，中国共产党在民主实践的长期探索中，从中国国情出发解决了人民民主与政党关系、人民民主与国体政体、人民民主与法制法治、人民民主与民主实现形式，包括选举民主与协商民主、民主制度程序与人民参与实践、党内民主与人民民主、全面从严治党与全面推进民主政治建设等一系列重大问题的基础上，实现了过程民主和成果民主、程序民主和实质民主、直接民主和间接民主、人民民主和国家意志的有机统一。习近平总书记正是在这样丰富的民主政治实践经验基础上，提炼概括出了"全过程人民民主"这一重大理念，并强调全过程人民民主是社会主义民主政治的本质属性，是最广泛、最真实、最管用的民主。

全过程人民民主是社会主义民主政治的本质属性

全过程人民民主是全链条、全方位、全覆盖的民主

全过程人民民主是最广泛、最真实、最管用的民主

| 第三章 |

何为
"全过程人民民主"

人们接触一门新知识、新思想，不仅要了解它是怎么提出和形成的，更要了解其科学内涵是什么。对于"全过程人民民主"这个新概念、新理念，更是如此，不仅要了解它是怎么提出和形成的，还要进一步了解"什么是全过程人民民主"。在世界政治学中有"过程主义民主"这一说，但我们不能望文生义，以为"全过程人民民主"属于"过程主义民主"。要了解什么是"全过程人民民主"，最好的办法，就是读一读提出这一重大理念的中国共产党的重要文献。我们注意到，在党的二十大报告中，"全过程人民民主"被定义为"社会主义民主政治的本质属性""最广泛、最真实、最管用的民主"。[1] 那么，怎么理解这些重大论断？为此，就要从理论上搞清楚全过程人民民主与社会主义民主的关系，以及全过程人民民主的基本特征和实际效果等问题。

---

[1] 习近平：《高举中国特色社会主义伟大旗帜，为全面建设社会主义现代化国家而团结奋斗》，人民出版社 2022 年版，第 37 页。

全过程人民民主是社会主义民主政治的本质属性

在中国共产党的文献中,"全过程人民民主"是和"社会主义民主"相关联的重要理念。因此,要讲清楚什么是全过程人民民主,首先就要了解"全过程人民民主"与"社会主义民主"之间的关系。党的二十大报告对此有一个明确的回答,即"全过程人民民主是社会主义民主政治的本质属性"。我们注意到,党的二十大报告这一重大论断,是在中国共产党的文献中第一次提出的。任何研究中国式民主,特别是研究全过程人民民主的人,都要高度重视并认真思考这一重大论断。

稍微有一点哲学常识的人都知道,本质是一事物区别于其他事物的最根本的属性。一个事物往往有多种属性,但其中总有一个是能够使它区别于其他事物的属性,这个属性就是这一事物之所以是这一事物的"本质属性"。当然,一些具体事物是非常复杂的,要确定它的本质属性不仅要看它和其他事物的区别,还要联系实践及其在实践中的用途来确定它的本质属性。有一个很有名的例子——"玻璃杯"的例子,它有许多属性,诸如是玻璃器皿,是桶状的容器,等等。一般来讲,它和其他事物的区别就在于它是玻璃做的能够饮水或品茗的"饮具"。但我们知道,在现实生活中,具有独特造型或有精致彩绘、雕刻的玻璃杯,人们往往不把它作为饮具来使用,而是作为一件艺术品来欣赏、展览或收藏。这个时候,这个玻璃杯的本质属性就不是"饮具",而是"工艺品";

也有的人把玻璃杯作为插放鲜花或干花的花瓶来使用，这个时候它的本质属性就是"花瓶"。如果把"饮具""艺术品""花瓶"的属性统统抽象化，那么，它的本质属性就是"玻璃容器"。如果再抽象，还可以说玻璃杯就是一个"物体"。但是如同哲学家指出的"没有抽象的真理，真理总是具体的"一样，这样的抽象、抽象、再抽象，对于我们的实践来讲就没有多少意义了。因此，研究事物的本质属性，不能抽象地讨论这一事物和那一事物的区别，而应该联系实践来讨论这一事物和那一事物的区别。这不是说抽象不重要，而是因为科学研究更注重区别，更注重具体抽象。

研究讨论"全过程人民民主"，可以和一般意义上的"民主"作比较，显然它是"民主"的一种具体形态，或者说是一种具有自己特色的民主。由于"全过程人民民主"是在中国社会主义实践中形成的，要搞清楚什么是"全过程人民民主"，就必须和"社会主义民主"在中国的实践及其形成的思想理论成果联系起来进行深入的研究讨论。要认识和理解党的二十大关于"全过程人民民主是社会主义民主政治的本质属性"的重大论断，更要深入研究讨论什么是"社会主义民主"，并在此基础上进一步研究讨论"全过程人民民主"与"社会主义民主"的关系。

研究讨论什么是"社会主义民主"特别是中国的"社会主义民主"，有两个视角是不能忽略的：一是和"资本主义民主"的关系和区别；二是和传统的"社会主义民主"的关系和区别。社会主义民主作为社会主义的政治上层建筑，是建立在社会主义经济基础之上的,是为巩固和发展社会主义社会的生产关系并促进社会主义社会的生产力服务的。也就是说,这是一种深深打上"社会主义"烙印的民主政治。这就从根本上同建立在资本主义私有制基础上的资本主义民主有了本质的区别,尽管社会主义民主也会借鉴和利用资本主义民主的一些形式。同时,由于"社会主义"在各个国家的实践也不完全一样,中国在改革开放中创建的是"中国特色社会主义",因此,中国的民主是深深打上"中国特色社会主义"烙印的民主。由此决定了中国的"社会主义民主"不仅和"资本主义民主"根本不同,和其他社会主义国家的民主也不完全相同。比如在当年的社会主义苏联,他们强调社会主义社会实行的是"无产阶级民主";而在社会主义中国,从一开始就强调我们的民主是"人民民主"。在这里,关键词是"人民"。人民是一个历史范畴,在新中国建立之初,人民包括工人阶级、农民阶级、城市小资产阶级和民族资产阶级;在社会主义基本制度建立后,人民指的是一切赞成、拥护和参加社会主义事业的阶级、阶层和社会集团;在改革开放后,特别是在建立公有制为主体、多种所有制经济共同发展的基本经济制度后,人民不仅包括工人、农民、知识分子、干部和解放军指战员,还包括民营科技企业的创业人员和技术人员、受聘于外资企业的管理技术人员、个体户、私营企业主、中介组织的从业人员、自由职业人员等新的社会阶层。因此,在中国共产党的文件和党中央领导人的重要讲话中,在论及"社会主义民主"的本质或本质属性时,都强调是"人民民主"

或"人民当家作主"。党的十四大、十五大、十六大、十七大、十八大、十九大报告都明确说过："人民民主是社会主义的本质要求和内在属性。"[1] "社会主义民主的本质是人民当家作主。"[2] "人民当家作主是社会主义民主政治的本质要求。"[3] "人民当家作主是社会主义民主政治的本质和核心。"[4] "人民民主是社会主义的生命。"[5] "人民当家作主是社会主义民主政治的本质特征。"[6]

联系我们在前面关于"全过程人民民主"形成和提出的历史回顾，特别是习近平总书记在中央人大工作会议上对"全过程人民民主"所做的理论概括，我们可以注意到，原来我们的认识是，在中国，"社会主义民主"区别于"资本主义民主"和"传统社会主义民主"的本质属性是"人民民主"或"人民当家作主"；今天，我们在改革开放以来民主政治实践的基础上，特别是在新时代民主政治的最新实践中进一步认识到了，在中国，社会主义民主不仅有"人民民主"或"人民当家作主"的制度程序，还有"人民民主"或"人民当家作主"的参与实践。习近平总书记把这样的实践创新经验加以提炼总结，指出我们的民主是"全过程人民民主"，并在此基础上指出"全过程人民民主是社会主义民主的本质属性"。

通过这样的历史回顾、概念对比和理论讨论，我们可以

---

[1] 《十四大以来重要文献选编》（上），人民出版社1996年版，第28页。
[2] 《十五大以来重要文献选编》（上），人民出版社2000年版，第30页。
[3] 《十六大以来重要文献选编》（上），中央文献出版社2005年版，第24页。
[4] 《十七大以来重要文献选编》（上），中央文献出版社2009年版，第22页。
[5] 《十八大以来重要文献选编》（上），中央文献出版社2014年版，第19页。
[6] 《十九大以来重要文献选编》（上），中央文献出版社2019年版，第26页。

注意到,党的二十大报告关于"全过程人民民主是社会主义民主政治的本质属性"的重大科学论断,是在坚持、丰富和发展原有的诸如"人民民主是社会主义的本质要求和内在属性""人民当家作主是社会主义民主政治的本质和核心"等认识的基础上提出的。毫无疑问,这是中国共产党在新时代民主政治理论创新的一个重大成果。

全过程人民民主是全链条、全方位、全覆盖的民主

要深入理解"全过程人民民主是社会主义民主政治的本质属性",以及党的二十大为什么要把"人民民主是社会主义的本质要求和内在属性"丰富和发展为"全过程人民民主是社会主义民主政治的本质属性",就需要我们进一步认识习近平总书记在中央人大工作会议上在阐述"全过程人民民主"时强调的另一个重要论断:"全过程人民民主"是"全链条、全方位、全覆盖的民主"。

"全过程人民民主是全链条、全方位、全覆盖的民主"这一重要论断,强调的是区别于"资本主义民主"和"传统社会主义民主"的新时代中国社会主义民主政治的最突出之点,亦即"全过程人民民主"的基本特征。这是习近平总书记在总结中国共产党探索民主政治建设的历史经验,特别是总结党的十八大以来民主政治建设的新鲜经验基础上得到的关于中国社会主义民主政治的最新认识。

2022年8月11日，辽宁沈阳，在铁西区启工街道保利心语花园社区，工作人员整理当日工作，和社区居民议事。

　　这一最新认识，集中体现在"全过程"这个概念上。也就是说，"全过程人民民主"不仅是"民主"在中国的具体形态，不仅是中国共产党历史上创造的"人民民主"的坚持，而且丰富和发展了"人民民主"，具有"全过程"的基本特征。考察中国共产党的历史文献，早在2014年9月5日庆祝全国人民代表大会成立60周年和同年9月21日庆祝中国人民政治协商会议成立65周年大会上的重要讲话中，习近平总书记就已经指出："我们不断扩大人民有序政治参与，人民实现了内容广泛、层次丰富的当家作主。"[1] "社会主义民主不仅需要完整的制度程序，而且需要完整的参与实践。""协商民主深深嵌入了中国社会主义民主政治全过程。"[2] 由于这两次重要讲话总结的是全国人民代表大会成立 60 周年和中国人民政治协商会议成立 65 周年的经验，意义非常重大。我们从这两次重要讲话中，可以注意到两点：一点是，习近平总书记在这里已经提出了"全过程"这一概念，但强调的是"协商民主深深嵌入了中国社会主义民主政治全过程"；另一点是，习近平总书记在这里强调"不断扩大人民有序政治参与""社会主义民主不仅需要完整的制度程序，而且需要完整的参与实践"。正是在这样强调"人民有序政治参与"的"参与实践"指引下，中国共产党领导人民不断丰富和发展人民民主，形成了既有完整的制度程序、又有完整的参与实践的，内容广泛、层次丰富的全过程人民民主，使得广大人民群众能够在参与国家发展大事、社会治理难事、人民生活日常琐事中充分行使自己的权利。在上海市长宁区虹桥街道，有外籍居民深有感触地说，我在中国除了没有公民才有的选举权和被选举权外，作为社区居民的其他民主权利我都享受到了，我们外籍人士的声音也可以直达全国人大常委会进入立法程序。专家们都说，中国的民主作为全链条、全方位、全覆盖的民主，具有实践上的连续性、内容上的整体性、人民参与上的广泛性和持续性，因此完全可以称为"全过程人民民主"。

---

1 《习近平谈治国理政》第 2 卷，外文出版社 2017 年版，第 287 页。
2 《习近平谈治国理政》第 2 卷，外文出版社 2017 年版，第 292 页、第 294 页。

> **资料**
>
> **全方位、全过程参与和实践的民主**
>
> 全过程人民民主是中国社会主义民主政治区别于西方民主的显著特征。与西方民主注重几年一次的选举民主不同,全过程人民民主更强调包括选举在内的民众全方位、全过程参与和实践,更强调这一系统的稳定性和连续性。习近平总书记多次强调:"保证和支持人民当家作主,通过依法选举、让人民的代表来参与国家生活和社会生活的管理是十分重要的,通过选举以外的制度和方式让人民参与国家生活和社会生活的管理也是十分重要的。人民只有投票的权利而没有广泛参与的权利,人民只有在投票时被唤醒、投票后就进入休眠期。这样的民主是形式主义的。"

简而言之,具有中国社会主义民主政治本质属性的"全过程人民民主",包括了"全链条、全方位、全覆盖"三个方面基本特征。

全链条民主,指的是中国的全过程人民民主是民主选举、民主协商、民主决策、民主管理、民主监督各个环节紧密联系、相互贯通的民主。在中国的民主政治程序中有五个环节:一是,中国人民享有有制度程序和参与实践保障的民主选举权利,人民可以依法通过选举、投票行使民主权利,在国家机构选举、村(居)民委员会选举、企事业单位职工代表大会的选举中，选出代表自己意愿的人来掌握并行使权力；二是，中国人民享有有制度程序和参与实践保障的民主协商权利，中国共产党和人民政府坚持有事好商量、众人的事情由众人商量这一人民民主的真谛，建立了广泛多层制度化的协商民主体系，以保证人民的意愿和要求得到充分表达；三是，中国人民享有有制度程序和参与实践保障的民主决策权利，中国共产党和人民政府以民主制为基本原则，广泛征求和充分听取各方面意见，包括从网上征求和充分听取广大网民的意见，凝聚人民群众智慧，形成最广泛的共识，以保证决策反映民意、科学有效；四是，中国人民享有有制度程序和参与实践保障的民主管理权利，根据宪法赋予人民的各项权利和义务，中国共产党和人民政府保证了人人都有参与管理国家和社会各项事务的机会和渠道；五是，中国人民享有有制度程序和参与实践保障的民主监督权利，按照宪法赋予人民的监督权利，中国共产党和人民政府通过线上线下各种渠道，把包括舆论监督在内的群众监督与包括纪检、监察、审计等在内的党内监督和国家监督结合起来，保证了人民群众对各级国家机关和公职人员提出意见、批评和建议，保证了人民赋予的权力始终用来为人民谋利益。也就是说，中国人民不仅有选举和投票的权利，而且在选举和投票完成后还可以继续参与国家和社会的民主协商、民主决策、民主管理、民主监督。选举、协商、决策、管理、监督这五个环节，环环相扣、内在统一，形成全过程人民民主的完整链条，实实在在解决人民群众关心的事，为实现人民对于美好生活的向往提

2016年8月18日,重庆市永川区何埂镇玉宝村召开由全体党员和村民代表参加的民主测评及推荐大会,民主推荐村党总支委员会委员、书记候选人初步人选和镇党代表候选人推荐人选。

供了有力保障。

全方位民主,指的是中国的全过程人民民主是贯通国家政治生活和社会生活各层面、各维度的民主。在中国,国家一切权力属于人民,人民通过人民代表大会行使国家权力。同时,中国有全国、省级、设区的市级、县级、乡镇级五级人民代表大会。各级人民代表大会都由民主选举产生、对人民负责、受人民监督;各级人民代表大会不仅要依法选举产生本级人民代表大会常委会、人民政府、监察机关、审判机关、检察机关领导人员和组成人员,而且有权对他们的履职进行有效监督。目前,中国的县和县以下的人民代表大会实行直接选举制度,人民可以直接选举人民代表;县以上(不含县)的各级人民代表大会实行间接选举制度,即由下一级人民代表大会选举产生上一级人民代表大会的代表。同时,各级国家机关都按照民主集中制原则来组织并贯彻实施国家宪法法律和方针政策,保证国家治理成为充分体现人民意志、保障人民权益、激发人民创造活力的政治实践,保证全体人民共享现代化建设和发展成果。除了人民可以通过各级人民代表大会行使国家权利外,人民在社会生活中还可以依照基层民主的制度程序,通过村(居)民代表大会、企事业单位职工代表大会等行使民主权利,选出代表自己意愿的人来掌握并行使基层民主协商、民主决策、民主管理和民主监督的权利。

全覆盖民主,指的是中国的全过程人民民主是涵盖国家各项事业、各项工作的民主。全过程人民民主坚持以人民为中心,坚持人民主体地位,人民当家作主充分体现在中国特色社会主义经济建设、政治建设、文化建设、社会建设、生态文明建设"五位一体"总体布局和全面建设社会主义现代化国家、全面深化改革、全面依法治国、全面从严治党"四个全面"战略布局的方方面面,实现了全领域、全过程整体覆盖和贯通。大到国务院和各级地方人民政府起草政府工作报告、做出重大决策,小到村(居)民委员会的基层群众自治和社区管理,再小到社区内的道路管理、绿化管理、垃圾管理、房屋安装电梯等细小民生问题，以及邻里之间的纠纷，等等，都有民主机制来解决。在信息化时代，从首都北京到各大中城市都已经开通"12345"热线电话（网络），人民群众有什么事情可以随时求助这条热线来解决自己或朋友遇到的困难、公共场所突然发生的事故，也可以通过这条热线投诉公职人员和商家的不当行为。同时，中国共产党通过全过程人民民主最广泛地动员和组织全体人民以主人翁态度投身社会主义现代化建设，有力推动了国家各项事业的发展和各方面工作的开展，有力推动了实现人民对于美好生活的向往、全体人民共同富裕和人的全面发展的历史进程，向着建成富强民主文明和谐美丽的社会主义现代化强国、实现中华民族伟大复兴的宏伟目标不断迈进。

也就是说，在今天的中国，人民民主不仅包括人民代表大会制度这一根本政治制度和中国共产党领导的多党合作和政治协商制度、民族区域自治制度、基层群众自治制度等基本政治制度，以及广泛的爱国统一战线，还包括从纵向到横向、从内向到外向建立起来的人民群众可以广泛参与实践的民主机制，这就是我们所讲的"全链条、全方位、全覆盖的民主"。当我们认识到"全过程人民民主"这一中国式民主具有"全链条、全方位、全覆盖的民主"的基本特征，就可以进一步认识中国的民主政治建设是怎么从"人民民主"拓展到"全过程人民民主"，从而进一步认识为什么说"全过程人民民主是社会主义民主政治的本质属性"。

全过程人民民主是最广泛、最真实、最管用的民主

党的二十大报告在阐述"全过程人民民主"时，不仅强调它是"社会主义民主政治的本质属性"，而且强调这是"最广泛、最真实、最管用的民主"。

一些极力鼓噪以"西方民主"为民主楷模的人，总是把人们对民主的注意力引向诸如"多党制""竞选"等形式问题，而不顾及其效果。中国在推进民主政治建设的时候，不仅坚持从中国国情实际出发探索民主实现形式，而且总是千方百计把民主的形式和结果统一起来，使民主能够给人民群众带来实际的效果，让人民群众在民主政治实践中有真实的获得感。中国探索和推进全过程人民民主建设，就是为了探索和创建最广泛、最真实、最管用的民主。党在十九大时还没有提出"全过程人民民主"这一新概念、新理念，但已经明确中国的民主政治追求的是"最广泛、最真实、最管用的民主"[1]。提出和形成"全过程人民民主"，正是这种追求的必然结果。

在探索和创建最广泛、最真实、最管用的民主进程中，中国各地有许多创造。我们不妨在"全过程人民民主"各地创造的经验中选取一些具体做法，了解这一中国式民主的广泛性、真实性、管用性。

---

[1] 习近平:《决胜全面建成小康社会，夺取新时代中国特色社会主义伟大胜利》，人民出版社2017年版，第35—36页。

一是"家、站、点"。

"家、站、点",就是人民代表之家、人民代表联络站、人民代表联系点的简称。有的地方也叫"站""家、站"或"家、室、站"。这是中国近几年为改进人大代表工作,为当选人大代表设立的联系选民的工作场所,是进一步发挥人民代表大会制度优越性的一个实践创新。走进许多地方的"家、站、点",往往看到墙上写着这样一句话:"人民选我当代表,我当代表为人民。"这样的"家、站、点",对于加强人大代表工作能力建设,密切人大代表同人民群众的联系,让人民选出来的人大代表能够更好地联系群众、服务群众,发挥了重要作用。所以,人们都说:"这是人大代表联系人民群众的连心桥。"

较早建立"家、站、点"的上海,已经建成近6000个代表之家、代表联络站、代表联系点,基本实现全市每一平方公里就有一个;市人大常委会将全市1.3万余名各级人大代表编入"家、站、点",让人民群众能够找得到人大代表、说得上话、办得了事,打通了人大代表联系人民群众的"最后一公里",有效推动解决事关群众切身利益的热点难点问题。而且,市人大常委会还建立了一套"家、站、点"绩效评价办法,使之避免走形式而产生民主的最佳效果。为更好发挥"家、站、点"的作用,他们还充分发挥互联网的优势,将上海这6000座人大代表与人民群众的"连心桥"连接到了"云端"。市人大常委会将全市近6000个"家、站、点"

背景

"开放式的法律厨房"

人民代表大会制度是实现中国全过程人民民主的重要制度载体。中国《宪法》规定，人民行使国家权力的机关是全国人民代表大会和地方各级人民代表大会。基层立法联系点，是人民代表大会制度不断发展和完善的生动事例，成为了践行全过程人民民主的生动写照。

中国自2015年逐步建立起"基层立法联系点制度"，首批确定上海虹桥街道等4家联系点单位，2020年又新增江苏昆山市等6家第二批联系点单位，2021年再次增设第三批12家基层立法联系点。在具体立法意见征询过程中，根据每部法律草案的不同内容和特征，联系点按照程序邀请合适的信息员代表和专家顾问参与，尽量覆盖不同群体、不同行业，力求采集意见样本的典型性和广泛性。这些联系点在国家重大立法决策过程中发挥了重要作用，是社会主义民主政治的生动实践。借鉴全国立法联系点的成功经验，上海市、江苏省等相继建立起省市级的基层立法联系点。这些"立法直通车"让法律法规在立法决策和顶层设计之前，经过充分的意见征询、民主酝酿，让民意得到汇集、民智得以集中。

2019年11月2日，习近平总书记到首批全国人大常委会基层立法联系点之一的上海市虹桥街道考察，肯定全国人大常委会基层立法联系点在接地气、聚民智方面所做的有益探索。

信息在上海人大网上公开,并同步开展运行情况绩效评价。对此举措,市民们说:"我们和人大代表之间架起了一座'空中连廊'。"

首都北京市按照因地制宜、集约高效、就近就便原则,在街道、乡镇建人大代表之家,在社区、村建人大代表联络站,让老百姓在家门口"找得到人、说得上话、议得成事"。目前,全市340个人大代表之家、2938个人大代表联络站已在全市行政区域内完成全覆盖。市人大常委会将1.4万多名四级人大代表全部编组入站,参加活动。网上"家、站"也在加紧推进,实现线上线下有效衔接。

改革开放前沿广东已经在全省建成12209个人大代表联络站,基本形成以镇(街)人大代表中心联络站为主、村(居)片区人大代表联络站为辅的人大代表联系群众网格化体系。群众有了急难愁盼之事,去人大代表联络站找人大代表反映和求助,已成为群众的首选。他们说:"过去,人大代表选出来后,他们去开会,就和我们没有多少关系了。现在有了人大代表联络站,我们有事情就可以立即找人大代表反映。"可以说,人大代表联络站的建立,打通了人大代表联系人民群众的"最后一公里"。经过这几年发展,人大代表联络站已成为践行全过程人民民主的重要平台。

二是"开门立法"。

人民代表大会在中国承担着立法使命。在推进全过程人民民主建设过程中,在全国人大常委会试点设立基层立法联系点取得成功经验后,各地人大常委会纷纷拓展"开门立法"途径,不仅把法律法规建立在最真实的民意和群众直接参与的基础上,而且增强了人民群众的法治意识,为依法治国基本方略的实施奠定了更加坚实的基础。

为依法解决人民群众身边的操心事、烦心事、揪心事,提高城市的治理体系和治理能力现代化水平,北京市秉持"民有所呼、我有所应,民有所求、我有所为"的理念,做了很多探索。2021年,北京市人大常委会决定在现有经验基础上立法制定《北京市接诉即办工作条例》。制定这一条例一开始,他们就确定了"开门立法"的原则。市人大常委会建立了市区人大联动、代表家站依托、市区乡镇三级人大代表参加的"万名代表下基层"机制,在我国首部接诉即办地方法规的立法过程中,北京市三级人大代表11377人带着法规草案到306个代表之家、2184个代表联络站同66915名市民当面交流;担任市人大代表的市领导带头进家、站听取意见,常委会主任会议成员分别带队进家、站座谈,让涉及千家万户的议题请千家万户参与、听千家万户意见。

这个条例在2021年9月24日北京市人大常委会第十五次会议表决通过后,广受人民群众欢迎。因为这个条例指出,"接诉即办"是对北京市的自然人、法人或者其他组织(统称为"诉求人")提出的涉及本行政区域的咨询、求助、投诉、举报、建议等诉求给予快速响应、高效办理、及时反馈和主动治理的为民服务机制。与此同时,这个条例规定了诉求人为了维护自身、他人正当权益或者公共利益，可以就经济发展、城市建设、社会管理、公共服务、民生需求等方面提出诉求。这个条例还规定了诉求人有权了解诉求办理情况并作出评价，强调诉求人提出诉求不受非法干预、压制和打击报复，企业正常生产经营活动不受非法干扰，涉及个人隐私、个人信息、商业秘密等依法受到保护。

这个条例实施一年后，2022年9月，市人大常委会为全面深入了解条例实施情况，又组织12824名三级人大代表，对诉求人和承办单位进行第三方社会调查，并随机邀请拨打过"12345"热线电话（网络）的市民100余人，面对面听取意见。调查的结果非常令人高兴，这一年来，北京全市共受理4427万件民意诉求，诉求办理的解决率和满意率分别为93%和94%。由此可见，这种让人民群众直接参与立法的"开门立法"做法和人民群众直接监督执法的做法，充分彰显了全过程人民民主的广泛性、真实性、管用性。

现在，在北京和各省（自治区、直辖市），由于建立了人大代表联络站等人大代表与人民群众的"连心桥"，这样的"开门立法"越来越成为民主之常态，人民群众的民主参与也越来越成为必经之程序。

三是"饮茶议事"。

中国的民主，最大的特点，就是最普通的人民群众都能够直接参与其中，而且参与的形式是人民群众都能够说话、也敢于说话的形式。在西方，人们喜欢在咖啡馆或酒吧间聊天谈事；在中国，人们喜欢在茶馆聊天谈事，在乡村，尤其如此。多少年来，乡村的农民一早起来就泡茶馆，在那里了解天下大事。这与其说是一种生活传统，不如说是一种政治文化传统。在中国推进全过程人民民主时，"饮茶议事"的茶馆也成为"人大代表谈心室"。比如安徽省淮北市濉溪县临涣镇，林立的茶馆天蒙蒙亮便开门迎客。600多年来，临涣人饮茶的习俗代代沿袭。今天，每月的人大代表接待日，县和镇人大代表都会在这里接待选民群众，以茶为媒、化解民忧。通过"饮茶议事"，修路筑渠、路灯维修等诸多人民群众关切的事一一得到解决。临涣镇利用茶馆这一有效载体，大胆探索自治、德治、法治有机融合的基层治理新模式，深入推进基层民主实践。他们说："在茶馆里有啥话想说就说，也敢说。""茶馆接待日的做法就是全过程人民民主的基层实践。"

让人耳目一新的是，他们的茶馆里还设有调解室。人民群众日常社会生活中的矛盾和纠纷，可以依靠群众自己解决自己的事，在茶馆里调解解决。在"调解达人"的斡旋下，一壶茶的工夫可避免一场官司，几块钱的成本就能化解邻里纠纷。近年来，临涣镇各类茶馆调解组织共调解纠纷1500余件，调解成功率达95%。

其实，这里介绍的"饮茶议事"只是一个小小的特例，并非普遍的做法，但可以和西方社会人们喜欢在咖啡馆或酒吧间聊天谈事一比，以便让世界更多的人懂得中国的民主形式。在中国各地，城市群众一般在街道居委会会议室和社区、楼宇的市民中心议事议政，乡村群众除了在村民委员会会议室议事议政，许多地方都是在当地群众习以为常、乐于参与的社区长廊、凉亭以及打谷场等群众喜欢聚集的场所议事议政。在世界民主的类型中，这种民主属于"参与式民主"。而中国政治参与的主体，不是哪一个政党及其代言人，而是人民群众自己。有意思的是，各地之所以会有如此丰富多样、不拘一格的民主实现形式，用人民群众自己的话来说，就是"只要管用就好"。

仅举这几个具体案例、几种具体做法，我们就可以懂得什么是"最广泛、最真实、最管用的民主"。最广泛的民主，就是人民群众能够广泛参与、直接参与的民主；最真实的民主，就是人民群众能够真实反映自己心声、体现自己意志的民主；最管用的民主，就是人民群众能够有效维护自己权益、解决自己切身利益问题的民主。归根到底，这种具有广泛性、真实性、管用性的民主，是人民群众能够自己掌握自己命运的人民民主。

综上所述，尽管我们的民主政治还在实践中，各地的民主政治实践发展也不平衡，中国式民主还要继续完善和发展，容不得我们丝毫自满和自大，但大量的事实已经证明，我们的民主政治探索是成功的。这种既有完整的民主制度程序、又有完整的民主参与实践的"全过程人民民主"，不仅是全链条、全方位、全覆盖的民主，而且是最广泛、最真实、最管用的民主。中国之所以能够在来自国内外各个方面的挑战和考验中创造经济快速发展和社会长期稳定的奇迹，就在于中国共产党在民主政治实践中创建了这种全链条、全方位、全覆盖，最广泛、最真实、最管用的全过程人民民主，在中国共产党坚强领导下，充分发挥了亿万人民的创造伟力。正是在这个意义上，我们说"全过程人民民主是社会主义民主政治的本质属性"。

形成西方民主无可比拟的两种民主形式

中国独特的、独有的、独到的民主形式

广泛多层制度化的协商民主体系的构建和完善

第四章

众人的事情由众人商量 是人民民主的真谛

我们已经知道,全过程人民民主不仅有完整的制度程序,还有完整的参与实践。要问这种参与实践是怎么实现的,回答是:在中国,遇到问题就和人民群众商量。"在人民内部各方面广泛商量的过程,就是发扬民主、集思广益的过程,就是统一思想、凝聚共识的过程,就是科学决策、民主决策的过程,就是实现人民当家作主的过程。"[1]习近平总书记深刻指出:"在中国社会主义制度下,有事好商量,众人的事情由众人商量,找到全社会意愿和要求的最大公约数,是人民民主的真谛。"[2]

形成西方民主无可比拟的两种民主形式

在民主观问题上,中国共产党不仅强调中国的民主是人民民主,而且强调人民民主的真谛在"广泛商量"。习近平总

---

[1] 《习近平谈治国理政》第2卷,外文出版社2017年版,第293页。
[2] 《习近平谈治国理政》第2卷,外文出版社2017年版,第292页。

书记说过："我们要坚持有事多商量，遇事多商量，做事多商量，商量得越多越深入越好。涉及全国各族人民利益的事情，要在全体人民和全社会中广泛商量；涉及一个地方人民群众利益的事情，要在这个地方的人民群众中广泛商量；涉及一部分群众利益、特定群众利益的事情，要在这部分群众中广泛商量；涉及基层群众利益的事情，要在基层群众中广泛商量。"正如他说的："涉及人民利益的事情，要在人民内部商量好怎么办，不商量或者商量不够，要想把事情办成办好是很难的。"[1] 这种广泛商量的民主，叫"协商民主"。

我们已经知道，中国的民主政治发端于1949年9月召开的中国人民政治协商会议的筹备和召开。这就是中国独特的"民主建政、协商建国"的历史。这种通过中国共产党和包括各个民主党派在内的各个界别广泛协商建立国家政权的民主政治，就是协商民主。1954年9月经过普选召开的第一届全国人民代表大会，则是选举民主。就是在这样独特的民主政治实践中，中国共产党认识到，民主不只是有选举民主一种形式，还有协商民主的形式。最早提炼概括出中国民主有"两种重要形式"的，是时任中国共产党总书记的江泽民同志。1991年3月23日，他在"两会"[2]党员负责人会议上说："人民通过选举、投票行使权利和人民内部各方面在选举和投票之前进行充分协商，尽可能就共同问题取得一致意见，是我国社会主义民主的两种重要形式。"他还说："这是西方民主

---

1 《习近平谈治国理政》第2卷，外文出版社2017年版，第293页。
2 "两会"为每年定期召开的全国人民代表大会和中国人民政治协商会议的简称。

无可比拟的,也是他们无法理解的。两种形式总比一种形式好,更能真实体现社会主义社会人民当家作主的权利。"[1]

中国民主有"两种重要形式"的论断,最早进入中央文件的,是中共中央在2006年颁发的5号文件。这个文件指出:"在我们这个幅员辽阔、人口众多的社会主义国家里,关系国计民生的重大问题,在中国共产党领导下进行广泛协商,体现了民主与集中的统一。人民通过选举、投票行使权利和人民内部各方面在重大决策之前进行充分协商,尽可能就共同问题取得一致意见,是我国社会主义民主的两种重要形式。"[2]这一文件是以胡锦涛为总书记的党中央制定的,不仅给中国民主政治的理论研究注入了新的活力,而且为中国民主政治制度的完善和发展注入了新的活力。事实上,正是在这个文件的学习研讨和贯彻落实中,学者们已经开始使用"选举民主"和"协商民主"这样的新概念。

把这两种民主形式,正式概括为政治学上的"选举民主"和"协商民主"这两个概念的,是2007年11月5日国务院新闻办公室发表的《中国的政党制度》白皮书。这个白皮书指出:"选举民主和协商民主相结合,是中国社会主义民主的一大特点。在中国,人民代表大会制度与中国共产党领导的多党合作和政治协商制度,有着相辅相成的作用。人民通过选举、投票行使权利和人民内部各方面在作出重大决策之前

---

[1] 《人民政协重要文献选编》(中),中央文献出版社、中国文史出版社2009年版,第506页。
[2] 《人民政协重要文献选编》(下),中央文献出版社、中国文史出版社2009年版,第793页。

2017年1月14日,中国人民政治协商会议上海市第十二届委员会第五次会议在上海开幕。时任上海市政协主席吴志明等5位委员围绕"加强民主监督 推动补好短板"主题与市民网上交流,共同为落实市委补短板重点工作献计出力。

进行充分协商,尽可能取得一致意见,是社会主义民主的两种重要形式。选举民主和协商民主相结合,拓展了社会主义民主的深度和广度。经过充分的政治协商,既尊重了多数人的意愿,又照顾了少数人的合理要求,保障最大限度地实现人民民主,促进社会和谐发展。"[1]

"协商民主"这一概念通过白皮书这样的形式提出来后,被正式写进中央文件的,是2011年中共中央办公厅颁布的《中共政协全国委员会党组关于〈中共中央关于加强人民政协工作的意见〉贯彻落实情况的报告》。在这个文件中,不仅把"协商民主"这一概念写了进去,而且指出"人民政协是我国

——众人的事情由众人商量是人民民主的真谛——

---

[1] 《人民日报》2007年11月5日。

协商民主的重要形式"。[1]

到 2012 年召开的党的十八大，第一次以中国共产党党代会报告这样的权威形式，提出要"健全社会主义协商民主制度"。党的十八大报告在"坚持走中国特色社会主义政治发展道路和推进政治体制改革"这个标题下，强调了七大任务：一是"支持和保证人民通过人民代表大会行使国家权力"；二是"健全社会主义协商民主制度"；三是"完善基层民主制度"；四是"全面推进依法治国"；五是"深化行政体制改革"；六是"健全权力运行制约和监督体系"；七是"巩固和发展最广泛的爱国统一战线"。在阐述"健全社会主义协商民主制度"这一重大任务时，强调"社会主义协商民主是我国人民民主的重要形式。要完善协商民主制度和工作机制，推进协商民主广泛、多层、制度化发展"。[2] 把"协商民主"写进党代会报告，这在中国社会主义民主理论和实践发展的历史上，迈出了值得大书特书的一大步。

2012 年 11 月 9 日，中共十八届三中全会召开。这是一次制定 2013 年到 2020 年中国全面深化改革纲领的历史性会议。这次全会上宣布，中国在今后全面深化改革中致力于奋斗的总目标是：完善和发展中国特色社会主义制度，推进国家治理体系和治理能力现代化。为实现这一总目标，中共中央不仅确定了重点推进经济体制改革的总体方案，而且第一次以全会决定的形式明确了政治体制改革的内容和目标，以

---

[1] 转引自李君如著《协商民主在中国》，人民出版社 2014 年版，第 136 页。
[2] 《十八大以来重要文献选编》（上），中央文献出版社 2014 年版，第 19—23 页。

及文化体制、社会体制、生态文明体制等各个方面体制改革的任务。在政治体制改革问题上，全会明确提出："推进协商民主广泛多层制度化发展。协商民主是我国社会主义民主政治的特有形式和独特优势，是党的群众路线在政治领域的重要体现。在党的领导下，以经济社会发展重大问题和涉及群众切身利益的实际问题为内容，在全社会开展广泛协商，坚持协商于决策之前和决策实施之中。"[1] 引人注目的是，习近平总书记在对这次全会通过的《中共中央关于全面深化改革若干重大问题的决定》作说明时，在民主政治建设和政治体制改革问题上重点阐述了协商民主问题。他还明确指出："全会决定把推进协商民主广泛多层制度化发展作为政治体制改革的重要内容""要构建程序合理、环节完整的协商民主体系，拓宽国家政权机关、政协组织、党派团体、基层组织的协商渠道"。[2] 这次全会通过的决定，不仅为中国政治体制改革和民主政治发展展现了一个令人鼓舞的新走向，而且把协商民主从人民政协的民主实现形式拓展为整个社会主义民主，包括国家政权机关、政协组织、党派团体、基层组织的民主实现形式。

通过上述简要的历史回顾，我们可以清晰地看到，在中国民主政治发展过程中，形成了西方无可比拟的两种民主形式：选举民主和协商民主。这样，广大人民群众不仅享有投票选举的权利，还可以在投票选举后避免进入民主休眠期，

---

1 《十八大以来重要文献选编》（上），中央文献出版社2014年版，第527页。
2 《十八大以来重要文献选编》（上），中央文献出版社2014年版，第504页。

继续通过协商民主这种形式全过程参与民主协商、民主决策、民主管理、民主监督。因此，我们讲这种"众人的事情由众人商量"的协商民主是"人民民主的真谛"。

中国独特的、独有的、独到的民主形式

值得注意的是，以习近平同志为核心的党中央在总结中国民主政治丰富的实践经验时，对协商民主的意义、内涵及其来源做了深刻的研究，强调"协商民主是中国社会主义民主政治中独特的、独有的、独到的民主形式"。[1]

我们已经知道，9月21日是一个独特的日子。1949年9月21日，中国人民政治协商会议第一届全体会议召开，由此开启了建立中华人民共和国的实质性历史进程。2014年9月21日，是中国人民政治协商会议成立65周年。在庆祝大会上，习近平总书记发表了长篇讲话。在这1万多字的重要讲话中，习近平总书记不仅阐述了人民政协的历史贡献、宝贵经验和进一步提高人民政协履职能力现代化的要求，而且用一半的篇幅集中阐述了社会主义协商民主理论，阐述了推进社会主义协商民主广泛多层制度化发展的战略任务。这是迄今为止，中国共产党对社会主义协商民主理论和战略任务论述得最全面、最深刻、最系统的一次重要讲话。

首先，习近平总书记强调："社会主义协商民主，是中国

---

[1]《习近平谈治国理政》第2卷，外文出版社2017年版，第293页。

社会主义民主政治的特有形式和独特优势，是中国共产党的群众路线在政治领域的重要体现。"[1] 中国共产党是一个全心全意为人民服务的马克思主义政党，从群众中来、到群众中去的群众路线是中国共产党的根本工作路线。中国共产党作为一个理性的党，遵循的世界观、认识论和方法论是辩证唯物主义的世界观、认识论和方法论。在中国共产党的思想理论特别是哲学思想中，有四个公式是对应的、相通的，这就是：物质—意识—物质，实践—认识—实践，群众—领导—群众，民主—集中—民主。也就是说，中国共产党强调意识是物质的能动反映，又可以能动地改造物质世界；认识来自于实践，又必须回到实践中去，接受实践的检验并促进实践的发展；领导工作必须坚持从群众中来、到群众中去的群众路线；领导班子做决策必须坚持民主基础上集中、集中指导下民主的民主集中制。可以说，中国共产党的全部工作，都建立在群众路线的基础之上，通过民主集中制来实现对全局工作的有效领导。坚持群众路线，不仅要深入群众，还要虚心听取群众建议和意见，善于和群众商量事情。正因为中国共产党有着这样建立在辩证唯物主义世界观、认识论和方法论基础上的群众路线、民主集中制，所以能够在实践中形成协商民主这种具有中国特有形式和独特优势的社会主义民主政治。因此，习近平总书记强调指出："我们要深刻把握社会主义协商民主是中国共产党的群众路线在政治领域的重要体现这一基

---

[1] 《习近平谈治国理政》第2卷，外文出版社2017年版，第291页。

2023年4月18日，安徽合肥市庐阳区林店街道丽水社区，政协委员正在与居民交谈，协调解决诉求问题。

本定性。"[1]

其次，习近平总书记强调："实行人民民主，保证人民当家作主，要求我们在治国理政时在人民内部各方面进行广泛商量。"他说，我们要全面认识"社会主义协商民主是中国社会主义民主政治的特有形式和独特优势"这一重大判断，就必须懂得"中国共产党领导人民实行人民民主，就是保证和支持人民当家作主"。而"保证和支持人民当家作主"既不是

---

[1] 《习近平谈治国理政》第2卷，外文出版社2017年版，第294页。

一句口号，更不是一句空话，"必须落实到国家政治生活和社会生活之中，保证人民依法有效行使管理国家事务、管理经济事务和文化事务、管理社会事务的权力"。同时，"实现民主的形式是丰富多样的，不能拘泥于刻板的模式，更不能说只有一种放之四海而皆准的评判标准"。[1] 协商民主就是能够具体地、现实地保证和支持人民当家作主的民主实现形式。习近平总书记还引用毛泽东的话，指出："国家各方面的关系都要协商。"[2] "我们政府的性格，你们也都摸熟了，是跟人民商量办事的""也可以叫它是个商量政府。"[3] 正是在这样的意义上，习近平总书记强调，"有事好商量，众人的事情由众人商量，找到全社会意愿和要求的最大公约数，是人民民主的真谛"。因此，他强调指出："中国共产党及其领导的国家是代表最广大人民利益的，其一切理论和路线方针政策，其一切工作部署和工作安排，都应该来自人民，都应该为人民利益而制定和实施。在这个大政治前提下，我们应该也能够广泛听取人民内部各方面的意见和建议。"[4]

再次，习近平总书记强调选举民主和协商民主"这两种民主形式不是相互替代、相互否定的，而是相互补充、相得益彰的，共同构成了中国社会主义民主政治的制度特点和优势"。他在论述这个问题时，说了一句分量十分重的话，指出："人民只有投票的权利而没有广泛参与的权利，人民只有在投

---

[1] 《习近平谈治国理政》第2卷，外文出版社2017年版，第291—292页。
[2] 《毛泽东文集》第6卷，人民出版社1999年版，第386页。
[3] 《毛泽东文集》第7卷，人民出版社1999年版，第178页。
[4] 《习近平谈治国理政》第2卷，外文出版社2017年版，第295页。

票时被唤醒、投票后就进入休眠期，这样的民主是形式主义的。"[1] 后来在 2021 年 10 月 13 日中央人大工作会议上系统论述全过程人民民主理论时，他再次指出："如果人民只有在投票时被唤醒、投票后就进入休眠期，只有竞选时聆听天花乱坠的口号、竞选后就毫无发言权，只有拉票时受宠、选举后就被冷落，这样的民主不是真正的民主。"[2] 从中我们也可以认识到，习近平总书记的全过程人民民主理念是在长期实践和思考中形成的，2014 年 9 月 21 日在庆祝中国人民政治协商会议成立 65 周年大会上论述社会主义协商民主的重要讲话，是 2021 年 10 月 13 日中央人大工作会议上论述全过程人民民主的重要前奏。

第四，习近平总书记强调协商民主在中国"具有深厚的文化基础、理论基础、实践基础、制度基础"。他以宽广的历史视野，深刻地指出："协商民主是中国社会主义民主政治中独特的、独有的、独到的民主形式，它源自中华民族长期形成的天下为公、兼容并蓄、求同存异等优秀政治文化，源自近代以后中国政治发展的现实进程，源自中国共产党领导人民进行革命、建设、改革的长期实践，源自新中国成立后各党派、各团体、各民族、各阶层、各界人士在政治制度上共同实现的伟大创造，源自改革开放以来中国在政治体制上的不断创新，具有深厚的文化基础、理论基础、实践基础、制

---

[1] 《习近平谈治国理政》第 2 卷，外文出版社 2017 年版，第 293 页。
[2] 《求是》杂志，2022 年第 5 期，第 12 页。

度基础。"[1] 这五个"源自",讲得十分透彻。事实上,且不说中国共产党在领导人民革命、建设和改革的过程中的"法宝"之一——统一战线,实行的就是有事情大家商量的协商民主,就是在古代中国的政治传统中也是如此。在欧洲,大家都知道,选举民主的政治传统源自雅典民主。在中国原始社会后期,部落领袖不是通过"竞选",而是通过"推举"形式产生的,古代把这种形式叫作"禅让"。这在中国典籍《尚书》中已经有记载。应该讲,这种政治文化传统对于我们今天形成协商民主的民主实现形式,具有深刻的影响。也正因为如此,在中国,广大人民群众都能够接受协商民主这种民主实现形式。

第五,习近平总书记强调:"协商民主深深嵌入了中国社会主义民主全过程。"古往今来的政治经验告诉我们:"一个政党,一个政权,其前途命运最终取决于人心向背。"[2] 真正的民主,必须充分尊重人民的主体地位、紧紧依靠人民群众,充分听取人民的呼声、时时把握民心的脉搏。由于协商民主属于参与式民主,不仅在民主选举环节,而且在国家决策和立法、行政、管理、监督环节以及社会治理等各个环节,人民群众都可以广泛参与。正如习近平总书记所指出的:"中国社会主义协商民主丰富了民主的形式、拓展了民主的渠道、加深了民主的内涵。"[3] 因此,他强调"要切实落实推进协商民主广泛多层制度化发展这一战略任务""必须构建程序合理、

---

1 《习近平谈治国理政》第2卷,外文出版社2017年版,第293—294页。
2 《习近平谈治国理政》第2卷,外文出版社2017年版,第295页。
3 《习近平谈治国理政》第2卷,外文出版社2017年版,第294页。

环节完整的社会主义协商民主体系，确保协商民主有制可依、有规可守、有章可循、有序可遵"。[1]

第六，习近平总书记强调："社会主义协商民主，应该是实实在在的、而不是做样子的，应该是全方位的、而不是局限在某个方面的，应该是全国上下都要做的、而不是局限在某一级的。"民主不是装饰品，不是用来做摆设的。协商民主，同样也必须是"真协商"。习近平总书记明确说过："协商就要真协商，真协商就要协商于决策之前和决策实施之中，根据各方面的意见和建议来决定和调整我们的决策和工作，从制度上保障协商成果落地，使我们的决策和工作更好顺乎民意、合乎实际。"他还说："要通过各种途径、各种渠道、各种方式就改革发展稳定重大问题特别是事关人民群众切身利益的问题进行广泛协商，既尊重多数人的意愿，又照顾少数人的合理要求，广纳群言、广集民智、增进共识、增强合力。"[2] 根据习近平总书记这些重要思想，后来在《中共中央关于加强社会主义协商民主建设的意见》中，对社会主义协商民主的内涵作了明确的界定，指出："协商民主是在中国共产党领导下，人民内部各方面围绕改革发展稳定重大问题和涉及群众切身利益的实际问题，在决策之前和决策实施之中开展广泛协商，努力形成共识的重要民主形式。"[3]

由此可见，中国共产党人不仅始终不渝在为中国实现民

---

[1] 《习近平谈治国理政》第2卷，外文出版社2017年版，第296—297页。
[2] 《习近平谈治国理政》第2卷，外文出版社2017年版，第297页。
[3] 《十八大以来重要文献选编》（中），中央文献出版社2016年版，第291页。

主政治而奋斗，而且在民主政治实践中有着自己的创造。这种创造，既坚持了人类共同的民主价值，又继承了中国历史文化包括优秀传统文化，把中国的民主之根深深扎在中华民族广袤的大地上，形成了和选举民主相得益彰的协商民主这一中国"独特的、独有的、独到的民主形式"。

广泛多层制度化的协商民主体系的构建和完善

习近平总书记曾经说过："民主是全人类的共同价值，是中国共产党和中国人民始终不渝坚持的重要理念。如何把民主价值和理念转化为科学有效的制度安排，转化为具体现实的民主实践，需要注重历史和现实、理论和实践、形式和内容有机统一，找到正确的体制机制和方式方法。"[1] 这是中国共产党百年奋斗特别是新中国成立以来和改革开放以来一直在探索的一个重大课题，我们至今依然在探索这一重大课题。从党的十八大提出的"健全社会主义协商民主制度"任务，到党的十八届三中全会作出"把推进协商民主广泛多层制度化发展作为政治体制改革的重要内容"的战略决策，构建社会主义协商民主体系很快就成为中国民主政治建设和政治体制改革的主题。特别是，在学习贯彻习近平总书记在庆祝中国人民政治协商会议成立65周年大会上的重要讲话进程中，

---
[1] 《习近平谈治国理政》第4卷，外文出版社2022年版，第258页。

2015年3月10日,全国政协十二届三次会议举行小组会议,围绕《中共中央关于加强社会主义协商民主建设的意见》进行学习讨论。

推进社会主义协商民主制度建设在中国取得了实质性进展。

可以说,2015年是中国构建和完善社会主义协商民主制度体系的一年。这一年的1月5日,中共中央印发了《关于加强社会主义协商民主建设的意见》,明确了加强协商民主建设的指导思想、基本原则和渠道程序,对于继续加强政党协商、积极开展人大协商、扎实推进政府协商、进一步完善政协协商、认真搞好人民团体协商、稳步推进基层协商,提出了明确的具体要求。5月18日,中共中央颁发了《中国共产党统一战线工作条例(试行)》,其中对政党协商的主要内容、主要形式等作了明确的规定。为贯彻落实《关于加强社会主义协商民主建设的意见》,中共中央办公厅在6月5日印发了《关于加强人民政协协商民主建设的实施意见》,中共中央办公厅和国务院办公厅在 7 月 22 日印发了《关于加强城乡社区协商的意见》，中共中央办公厅在 12 月 10 日印发了《关于加强政党协商的实施意见》，等等。这些实施意见，分别由全国政协和中央统战部、国家民政部负责起草，针对性强、导向性强、可操作性强。就这样，一个包括政党协商、人大协商、政府协商、政协协商、人民团体协商和基层协商在内的广泛多层制度化的协商民主体系在中华大地悄然成型并不断完善发展。

（一）政党协商

2023 年 3 月 1 日，中共中央机关报《人民日报》和中国其他各大媒体刊登了新华社 2 月 28 日电讯："中共中央举行民主协商会。"内容是：在中共中央总书记、国家主席、中央军委主席习近平主持下，"就党和国家机构改革方案、中共中央拟向十四届全国人大一次会议推荐的国家机构领导人选建议名单和拟向全国政协十四届一次会议推荐的全国政协领导人员人选建议名单，向各民主党派[1]、全国工商联和无党派人士代表通报情况，听取意见"。[2]

人们已经注意到，每次中国共产党全国代表大会和每年中共中央委员会全体会议召开之前，以及中共中央在做出重大决策之际，媒体上都有一个报道：中共中央召开座谈会或举行民主协商会，就中国经济社会发展的重大问题或重大决

---

[1] 在中国的政治生活中，除了有执政的中国共产党，还有 8 个民主党派，他们是中国国民党革命委员会、中国民主同盟、中国民主建国会、中国民主促进会、中国农工民主党、中国致公党、九三学社、台湾民主同盟。这些政党在中国是"参政党"。
[2] 《人民日报》2023 年 3 月 1 日。

策、重要人事建议名单，同民主党派、工商联和无党派人士进行协商、听取意见。经过40多年改革开放，包括民主政治的发展，现在，在中国政治生活和社会生活中，已经形成了多层面的协商民主制度。其中，最高层面的协商民主，就是中国共产党作为执政党同各民主党派、工商联和无党派人士之间的民主协商。我们把这样的协商民主称为"政党协商"。这种政党协商，在中国已经成为一种惯例和制度。

召开这样的政党之间的高层协商，是基于中国实行的政党制度是中国共产党领导的多党合作和政治协商制度，而不是多党竞选制度。中国改革开放总设计师邓小平曾经指出："在中国共产党的领导下，实行多党派的合作，这是我国具体历史条件和现实所决定的，也是我国政治制度中的一个特点和优点。"[1] 中共中央1989年12月30日印发的《关于坚持和完善中国共产党领导的多党合作和政治协商制度的意见》，第一次把"中国共产党领导"和"多党合作""政治协商"这三大政治元素结合在一起，指出"中国共产党领导的多党合作和政治协商制度是我国一项基本政治制度"。这个文件还指出："它根本不同于西方资本主义国家实行的多党制和两党制，也有别于一些社会主义国家实行的一党制。它是马克思列宁主义同中国革命与建设相结合的一个创造，是符合中国国情的社会主义政党制度。"在这个文件中，不仅第一次使用了"政

---

[1] 《邓小平文选》第2卷，人民出版社1994年版，第205页。

2020年8月18日，全国无党派人士考察团赴浙江，围绕"提升数据要素价值，促进数字经济发展"主题进行集体实地调研，旨在总结浙江在发展数字经济方面的好做法、好经验，共同探讨有关问题和解决方案，为党中央科学民主决策提供参考。

党制度"这一概念，还第一次提出了"参政党"[1]这一新概念，指出："中国共产党是社会主义事业的领导核心，是执政党。各民主党派是各自所联系的一部分社会主义劳动者和一部分拥护社会主义的爱国者的政治联盟，是接受中国共产党领导的，同中共通力合作、共同致力于社会主义事业的亲密友党，是参政党。"[2]2005年2月18日中共中央印发的《关于进一步加强中国共产党领导的多党合作和政治协商制度建设的意见》，明确指出："这一政党制度的显著特点是：共产党领导、多党派合作，共产党执政、多党派参政。"[3]并且，对于进一步

---

[1] 民主党派参政的基本点是：参加国家政权，参与国家大政方针和国家领导人选的协商，参与国家事务的管理，参与国家方针、政策、法律、法规的制定执行。
[2] 《十三大以来重要文献选编》（中），人民出版社1991年版，第821—822页。
[3] 《人民政协重要文献选编》（下），中央文献出版社、中国文史出版社2009年版，第760页。

完善政党协商的内容、形式和程序，充分发挥民主党派和无党派人士的参政议政作用，充分发挥民主党派的民主监督作用，加强中国共产党同党外人士的合作共事，等等，提出了具体要求。在这个制度设计中，政党协商是实现政党合作的重要渠道。不仅在中央层面，在地方层面也实行这样的政党协商。这种制度化的政党协商，正是这一政党制度的一大特色。

中国共产党创造的党派之间的政治协商具有丰富的经验，弥足珍贵。如果把我们的这一经验和当今世界许多国家相比，比如与美国比较，可以看到：他们那里党争不断、勾心斗角、"民主"厮杀、社会撕裂；我们这里政党协商、共商国是、畅所欲言、凝聚共识。两相对比，就可以知道谁才是真正的民主国家。如同我们在经济建设中取得的成就举世瞩目一样，我们在民主政治建设中取得的成就同样举世瞩目。

为加强对政党协商的领导，中国共产党认真总结了这些丰富的经验。前面我们所引用的这些重要文件，都是在总结经验中形成的。在总结中国共产党百年奋斗历史经验的基础上，习近平总书记作出了要把长期以来特别是党的十八大以来，政治协商工作的丰富实践和成功经验总结好，把党领导下的政治协商工作的制度体系和工作机制用党内法规的形式固定下来，进一步提升政治协商效能的重要批示。中央有关部门遵循这一批示精神，起草了《中国共产党政治协商工作条例》（以下简称《条例》），经中共中央政治局2022年5月27日会议审议批准，中共中央于6月13日发布了这一《条例》。这是中共中央专门规范政治协商工作的第一部党内法规。这个《条例》明确指出:"本条例所称政治协商,是在中国共产党领导下,中国共产党同各民主党派和各界代表人士围绕党和国家大政方针、经济社会发展重要问题以及其他重要事项开展的协商。"需要指出的是,这里所讲的"政治协商"指的是在"政党协商"和"人民政协协商"这两种基本方式中开展的政治协商。这里,需要重点了解中国共产党的政党协商的主要内容、主要形式和保障机制。

——关于政党协商的主要内容,《条例》指出,有五个方面的协商内容:一是,中国共产党全国和地方各级代表大会、党中央以及地方党委有关重要文件的制定、修改;二是,宪法的修改建议,有关重要法律的制定、修改建议,有关重要地方性法规的制定、修改建议;三是,关系国民经济和社会发展的有关重大问题;四是,换届时人大常委会、政府、政协领导班子成员和监察委员会主任、法院院长、检察院检察长的建议人选;五是,关系统一战线和多党合作的重大问题。

——关于政党协商的主要形式,《条例》明确有三种形式:一是,会议协商,党委负责同志主持召开专题协商座谈会、人事协商座谈会、调研协商座谈会和其他协商座谈会,听取同级民主党派组织、无党派代表人士的意见建议;二是,约谈协商,党委负责同志可以根据需要,不定期邀请同级民主党派组织负责同志、无党派代表人士就共同关心的问题当面沟通情况、交换意见,或者应同级民主党派组织主要负责同志约请,个别听取意见;三是,书面协商,党委可以就有关

——众人的事情由众人商量是人民民主的真谛——

115

重要文件、重要事项书面征求同级民主党派组织、无党派人士的意见建议,民主党派组织、无党派人士以书面形式反馈协商意见,同时,党委要支持民主党派组织及其负责同志以书面形式直接向同级党委反映情况、提出意见建议。《条例》还指出,在政治协商活动中,应当鼓励和支持参加协商的各方讲真话、建诤言,加强互动交流,营造宽松民主和谐的协商氛围。

——关于政党协商的保障机制,《条例》指出各级党委应当结合实际完善政治协商工作机制,支持和推动有关单位和部门参与政治协商有关工作。要完善党委、政府、监察委员会、法院、检察院与各民主党派、各界代表人士的工作联系机制,为各民主党派和各界代表人士知情明政创造条件。党委有关部门及有关政府部门、人民团体、企事业单位的党组(党委)要为本单位本部门的民主党派成员、无党派人士和政协委员参加政治协商创造有利条件,提供必要保障。党委负责同志开展考察调研,根据工作需要,可以邀请同级民主党派组织负责同志、无党派代表人士参加。监察委员会、法院、检察院和有关政府部门党组(党委)可以根据工作需要向同级民主党派组织、无党派人士介绍有关情况,视情邀请同级民主党派组织、无党派人士列席有关工作会议、参加专项调研和检查督导等。

(二)人民政协协商

中国的政治协商,除了政党协商之外,还有一种重要的政治协商方式,这就是中国共产党在人民政协中同各民主党派和各界代表人士的协商。参加人民政协政治协商的对象是政协中的民主党派、无党派人士、人民团体、其他各界代表人士。人民政协的协商民主，在我国社会主义协商民主体系中，是具有重要地位的组成部分。

人民政协是什么、干什么的？许多人不太了解。

我们已经知道，中国人民政治协商会议为新中国的建立做出了独特的贡献。这以后，人民政协在中国民主政治不断发展的历史进程中，继续发挥着独特的作用。它作为中国人民爱国统一战线的组织、中国共产党领导的多党合作和政治协商的重要机构，又是我国政治生活中发扬社会主义民主的重要形式，还是国家治理体系的重要组成部分，是具有中国特色的制度安排。党的十八大以来在推进协商民主建设过程中，进一步明确规定了人民政协是社会主义协商民主的重要渠道和专门协商机构。也就是说，中国的协商民主体系中有一个"专门协商机构"，这就是：中国人民政治协商会议。

人民政协之所以能够承担这一政治重任，首先和它的委员构成有密切关系。人民政协是由中国34个界别的政协委员组成的，他们包括：中国共产党、中国国民党革命委员会、中国民主同盟、中国民主建国会、中国民主促进会、中国农工民主党、中国致公党、九三学社、台湾民主自治同盟、无党派人士、中国共产主义青年团和中华全国青年联合会、中华全国总工会、中华全国妇女联合会、中华全国工商业联合会、科学技术协会、中华全国台湾同胞联谊会、中华全国归国华侨联合会、文化艺术界、科学技术界、社会科学界、经

2023年3月4日下午3时，全国政协十四届一次会议在北京人民大会堂开幕。

济界、农业界、教育界、体育界、新闻出版界、医药卫生界、对外友好界、社会福利和社会保障界、环境资源界、少数民族界、宗教界、特邀香港人士、特邀澳门人士和特别邀请人士。在全过程人民民主制度体系中，由于人民政协的政协委员是由社会各界的精英构成的，他们在社会中的地位和影响决定了人民政协在中国民主政治中的地位和发挥的作用也具有自己的特点和优势。

与此同时，人民政协章程还规定了政治协商、民主监督、参政议政是人民政协全国委员会和地方委员会的主要职能。政治协商这一职能，规定了人民政协要对国家大政方针和地方的重要举措以及经济建设、政治建设、文化建设、社会建设、生态文明建设中的重要问题，在决策之前和决策实施之中进行协商，等等。民主监督这一职能，规定了人民政协要对国家宪法、法律和法规的实施，重大方针政策、重大改革举措、重要决策部署的贯彻执行情况，涉及人民群众切身利益的实际问题解决落实情况，国家机关及其工作人员的工作情况等，通过提出意见、批评、建议的方式进行协商式监督。参政议政这一职能，规定了人民政协要对政治、经济、文化、社会生活和生态环境等方面的重要问题，以及人民群众普遍关心的问题，开展调查研究，反映社情民意，进行协商讨论，并通过调研报告、提案、建议案或其他形式，向中国共产党和国家机关提出意见和建议。不仅如此，在中国的政治制度设计中，为更好发挥人民政协在民主政治中的作用，规定了政协委员中属于中共的政协委员在人数上不能超过40%。正是人民政协的性质和职能，以及委员构成等特点，决定了人民政协在全过程人民民主制度体系中具有极其重要的地位和作用。

党的二十大提出，要以中国式现代化全面推进中华民族伟大复兴，中国式现代化的本质要求就包括"发展全过程人民民主"。人民政协在其中承担着光荣而又繁重的历史使命。首先，人民政协作为中国人民爱国统一战线的组织，作为中国共产党领导的多党合作和政治协商的重要机构，要坚持党的领导、统一战线、协商民主有机结合，坚持发扬民主和增进团结相互贯通、建言资政和凝聚共识双向发力。人民政协要充分发挥统一战线的"法宝"作用，充分发挥我国新型政党制度优势，为巩固和发展中华儿女大团结作出新贡献，汇聚起新时代新征程上实现中华民族伟大复兴的磅礴力量。其次，人民政协作为专门协商机构，要加强制度化、规范化、程序化等功能建设，提高深度协商互动、意见充分表达、广泛凝聚共识水平。为此，就要把协商民主贯穿委员履行职能全过程，正确处理好协商民主与重大决策、协商民主与凝聚共识、协商民主与战略研究、协商民主与民主监督、协商民主与群众路线等关系，积极围绕贯彻落实党和国家重要决策部署情况开展民主协商和民主监督。再次，人民政协作为我国政治生活中发扬社会主义民主的重要形式，作为国家治理体系的重要组成部分，要完善人民政协民主监督和委员联系界别群众制度机制，健全吸纳民意、汇聚民智的工作机制。

（三）人大协商和政府协商

在中国广泛多层制度化的协商民主体系中，除了政党协商、人民政协协商，还有国家政权机关在立法和决策中的协商民主。这就是人民代表大会在立法和选举过程中的协商民主、人民政府在施政过程中的协商民主。

1. 人民代表大会在立法和选举过程中的协商民主

在我国，全国人民代表大会和地方各级人民代表大会都由民主选举产生，民主选举是人民代表大会制度的基本特征。同时，各级人民代表大会及其常委会在审议事项、决定问题时，实行票决制，表决结果由得票情况决定。这一切，都决定了我国的人民代表大会制度实行的是选举民主，而不是协商民主。但是，我国的人民代表大会制度又包含了协商民主的做法。人民代表大会制度建立在选举的基础之上，但人民代表大会及其常委会在审议事项、决定问题时，除了在充分

背 景

重要政策文件是如何起草的？

中国所有的重大立法与重大决策都依照程序，经过民主酝酿，通过科学决策、民主决策产生。在中国出台政策，都经过反复论证，往往还在局部做试验，看是否存在什么问题，之后才能逐步推开。《中共中央关于制定国民经济和社会发展第十四个五年规划和二〇三五年远景目标的建议》的起草过程，充分体现了民主决策和民主协商，是全过程人民民主实践的典型实例。习近平总书记在《关于〈中共中央关于制定国民经济和社会发展第十四个五年规划和二〇三五年远景目标的建议〉的说明》中指出：

这次建议稿起草的一个重要特点是坚持发扬民主、开门问策、集思广益……从7月下旬到9月下旬，我先后主持召开企业家座谈会、扎实推进长三角一体化发展座谈会、经济社会领域专家座谈会、科学家座谈会、基层代表座谈会、教育文化卫生体育领域专家代表座谈会，当面听取各方面对制定"十四五"规划的意见和建议。8月16日至29日，"十四五"规划编制工作开展网上征求意见。广大人民群众踊跃参与，留言100多万条，有关方面从中整理出1000余条建议。文件起草组广泛听取各方面意见和建议，反复进行讨论修改，认真做好建议稿起草工作。根据中央政治局会议决定，8月10日，建议稿下发党内一定范围征求意见，包括征求党内部分老同志意见，还专门听取了各民主党派中央、全国工商联负责人和无党派人士代表意见……文件起草组逐条分析各方面意见和建议，做到了能吸收的尽量吸收，对建议稿增写、改写、精简文字共计366处，覆盖各方面意见和建议546条。这是我国党内民主和社会主义民主的生动实践。

讨论的基础上以表决的方式决策外，人大代表之间和人大常委会委员之间，往往要通过协商来解决争议问题，从而使人大的各项立法和决策具有较高的民意基础。我国的人民代表大会制度是与协商民主相结合的选举民主。这两种民主形式之所以能够结合，是因为选举民主就是由选民和人民代表用投票表决的方式来表达每一个人的意愿，通过票数的多少决定最后的选择，其重点在于结果；协商民主是通过协商的方法来表达各自的意愿，对各种不同意见进行比较、权衡、商量，尽可能取得一致意见，其重点在于过程。我国人民代表大会制度在民主过程中实行的是协商民主，但最后起决定作用的是选举民主。可以说，我国的人民代表大会制度实行的是一种协商型的选举民主。

协商民主在人民代表大会制度中主要体现在两个方面：

一是，从人民代表大会制度的运行过程来看，在全国人大代表、省、自治区、直辖市、设区的市、自治州人大代表选举中，强调通过"酝酿、讨论、协商"的程序确定正式代表候选人，这一过程就是协商民主的过程。特别是，在各级人大及其常委会的立法和决策过程中，不管是法律草案和决定、决议案的审议，还是人事安排的讨论，都要经过代表团会议或小组会议充分讨论，根据各方面的意见修改议案，再由全体会议实行表决；如果审议时对某些重要问题有意见分歧，或者发现某个问题没有解决，则暂时搁置不付表决，等条件成熟或问题解决后再进行表决。在代表团会议或小组会议内部，人大代表或常委会组成人员之间也是在平等、理性、自由的基础上进行充分讨论和酝酿，形成代表团或小组认同的决定和意见，再在全体会议上表达。近几年来，越来越多的人大立法实行了开门立法，建立了立法联系点和立法论证听证制度，鼓励公众参与立法，还通过各种渠道，包括互联网收集立法信息，尽力使各方面的利益和要求都能够得到体现和表达，制定出符合公众利益的法律、政策。也就是说，人大通过的每一项法律法规和重大决策，都是在充分协商、听取各方面意见之后作出的，是以协商民主为基础来实施选举民主的。

二是，从人大与政协的关系来看，每逢各级人大召开时，同级政协也同期召开会议（一般是提前一两天），政协委员可以列席人大的一些重要活动，包括听取政府工作报告、财政结算预算报告、检察院和法院工作报告等重要报告，并对人大所讨论的重大事项、重要决策提出意见或提交方案，从而影响人大的立法和决策。中国的"两会"制度，实际上就是协商民主与选举民主相结合的民主制度，对于人民代表大会制度来讲，就是在选举民主中结合了协商民主。

这种协商型的选举民主表明，协商民主在我国不仅可以在人民政协这样的专门协商机构中实行，也可以在国家根本政治制度层面上实行。这在西方的两院制中是很难做到的。这是因为，在我国的人民代表中，虽然他们所代表的选民存在着各种不同的具体利益需求，但由于我国人民在根本利益上是一致的，人民代表在立法和决策过程中可以通过沟通和协商，既把不同地区、民族、阶层的相同意愿集中起来，又能够比较充分地反映和协调各个方面不同的特殊利益，达到统筹兼顾、凝聚人心的目的。正因为如此，我国人民代表大会在表决法律和重大事项决定时，往往能获得高票通过。

这种与协商民主相结合的选举民主，显示了中国特色民主政体的优越性。比如前几年在制定、讨论和审议《物权法》时，由于这部法律不仅要突破人们在物权问题上的传统观念，而且要触及不同利益群体的不同利益，在制定和讨论、审议过程中势必会出现不同的声音，人大没有立即付诸投票表决，而是先进行充分的协商。可以说，在这一立法案例中，人大与政协之间、人大与公民之间、人大内部的代表团或小组之间，以及代表团或小组的人大代表之间，将协商民主的作用发挥得淋漓尽致，最后以比较高的得票率通过了这部法律。这一案例，经典地说明了中国人民代表大会制度的协商民主特征。

2.人民政府在施政过程中的协商民主

随着我国政治体制改革，包括行政体制改革的深化，政府民主决策进程不断加快，在政府决策和施政过程中结合了协商民主的做法，创造了许多政府与社会对话的协商民主具体形式。

政府施政过程中的协商民主，首先体现在政府举行的座谈会和召开的听证会，以及网络问政等方面。改革开放以来，政府在决策过程中涉及到国民经济和社会发展规划以及人民群众切身利益的事情，总是举行由国务院总理或副总理主持的座谈会，直接听取专家学者、企业家和各方面人民群众代表的意见；重大立法还要召开听证会，广泛听取人民群众的意见和建议；自从进入信息社会以来，政府还通过互联网直接听取群众的意见。这些做法，都是建设一个服务型政府的重要探索，同时也是很有代表性的协商民主形式。

政府施政过程中的协商民主，同时体现在政府与政协的关系上。目前，我国人民政协的广大政协委员在履行政治协

> **案例**
>
> **现代技术为全过程人民民主赋能**
>
> 中国政务热线建设始于20世纪80年代。为了整合各种部门热线，21世纪以来，各地政府纷纷探索设立统一的"12345"政务热线。当前，中国设立"12345"政务热线的城市已超过300个，统一的政务热线成为中央政府力推的一项服务性政府建设举措。2020年12月14日，国务院总理李克强在国务院常务会议上强调："优化政务服务便民热线，使政务服务便民热线接得更快、分得更准、办得更实。"2021年初，国务院办公厅发布的《国务院办公厅关于进一步优化地方政务服务便民热线的指导意见》明确要求，加快推进除110、119、120、122等紧急热线外的政务服务便民热线归并，2021年底前，各地区设立的政务服务便民热线和国务院有关部门设立并在地方接听的政务服务便民热线实现一个号码服务，各地区归并后的热线统一为"12345政务服务便民热线"，语音呼叫号码为"12345"，提供"7×24"小时全天候人工服务。

——众人的事情由众人商量是人民民主的真谛——

商、民主监督、参政议政三大职能的时候，大量的提案主要是给政府提供决策建议，并由国务院和各个部委办处理。这种人民政协与政府决策良性互动的关系，彰显了我国社会主义协商民主制度的优势。

（四）基层协商

基层，包括城乡社区和企事业单位，是广大人民群众工作和生活的地方。改革开放以来，我们在乡村和城市社区建立了村民委员会和居民委员会等基层自治组织，在企事业单位建立职工代表大会，实行群众自我管理、自我服务、自我教育、自我监督，让人民群众依法直接行使民主权利，取得了很大进展。这里，我们重点介绍中国的城乡社区协商是怎么进行的、取得了哪些进展。

2023年4月13日，在贵州从江县刚边壮族乡三百河社区，县政协委员、社区"两委"成员、群众代表围绕移风易俗、环境整治开展院坝协商议事会议。

城乡社区协商是基层群众自治的生动实践，是社会主义协商民主建设的重要组成部分和有效实现形式。当前，随着新型工业化、信息化、城镇化、农业现代化的深入推进，我国经济社会发生深刻变化，利益主体日益多元，利益诉求更加多样。根据我们从国家民政部所了解到的情况，改革开放特别是党的十八大以来，各地基层把城乡社区协商作为社会主义协商民主体系的重要组成部分，坚持有事多协商、遇事多协商、做事多协商，有效维护了群众切身利益，促进了社会和谐与文明进步。

一是，协商实践广泛开展。长期以来，广大人民群众利用基层群众自治这个主阵地和重要平台，积极开展城乡社区协商，依法行使民主权利，充分表达意愿和诉求。目前，全国直接参与基层群众自治的农村人口达到6亿，城镇居民超过3亿。农村普遍建立村民委员会、村民理财小组、村务监督委员会等组织。城市普遍建立社区居民委员会，64%的社区建立协商议事委员会，22%的社区建立业主委员会，社区服务志愿者组织达12.8万个，服务性、公益性、互助性社会组织和专业合作组织不断发展。城乡居民通过这些遍布城乡社区的基层群众性自治组织参与协商，积极开展民主监督、民主决策和民主管理活动，同时把自治、法治、德治有机结合起来，实现基层群众的自我管理、自我教育、自我服务。

二是，协商主体日益广泛。基层群众特别重视通过协商解决自己关心的问题，协商主体日趋多元化。一般来讲，基层协商的协商主体主要包括基层政府及其派出机关、村（社区）党组织、村（居）民委员会、村（居）务监督委员会、村（居）民小组、驻村（社区）单位、社区社会组织、业主委员会、农村集体经济组织、农民合作组织、物业服务企业和当地户籍居民、非户籍居民代表以及其他利益相关方等。他们在协商中，一般都十分重视吸纳威望高、办事公道的老党员、老干部、群众代表，党代表、人大代表、政协委员，以及基层群团组织负责人、社会工作者等参与协商。协商主体的广泛参与，切实维护了利益相关者的权益，更好地维护了人民当家作主的权利。

三是，协商内容不断丰富。现在，各地根据当地经济社会发展的实际，坚持广泛协商，针对不同渠道、不同层次、不同地域特点，不断拓展协商范围。在具体实践中，城乡居民紧紧围绕党和政府的方针政策及重点工作部署在城乡社区的落实、法律法规明确要求协商的事项等，开展协商活动；同时，围绕生产生活中涉及自身利益的公共事务、公益事业、迫切需要解决的实际困难和问题、矛盾纠纷等，进行协商和调解。一些地方还以县（市、区）为单位研究制定了基层协商目录，将涉及基层群众利益的协商事项列入目录，明确基层协商的具体内容，对开展基层协商进行制度规范。

四是，协商形式广泛多样。在中国大江南北，已经普遍建立了以村（居）民会议和村（居）民代表会议为主要载体的民主决策的组织形式，35%的村每年召开村民会议，57%的村每年召开一次以上村民代表会议，涉及村（居）民利益的重大事项，基本由村（居）民讨论决定。同时，结合参与主体的情况和协商的具体事项，探索建立村（居）民理事会、村（居）民议事会、村（居）民决策听证会、小区协商、业主协商、民主评议等多种多样的协商议事形式，开展灵活多样的协商活动，有效保障了城乡居民的知情权、参与权、表达权、监督权。与此同时，有的地方还积极探索运用现代信息技术，为城乡居民搭建网络协商平台，开辟社情民意网络征集渠道，稳步推进网络议事协商。

五是，协商制度机制逐步健全。在基层协商不断发展过程中，各地通过完善基层群众自治机制、规范议事规则和民主协商程序，普遍建立了基层政府及其派出机关、自治组织、城乡居民之间的沟通协调机制，建立健全村（居）民会议、村（居）民代表会议、社区协商议事会等议事制度，充实完善村（居）务监督委员会职能，探索建立公众参与利益调处机制、社区社会组织内部治理机制、驻社区单位共建机制，还开辟了社情民意网络征集渠道，形成了比较完善的民意沟通体系，实现各类协商主体有序开展专题协商、定期协商和对口协商。同时，在乡镇、街道、企事业单位、社会组织等基层组织中也普遍开展协商，形成了与城乡社区协商互联互通、协同发展的良好局面。

总之，协商民主这种中国社会主义民主政治中独特的、独有的、独到的民主形式，在全过程人民民主中为广大人民群众的参与实践提供了既便利又有效的实现途径。

中国式现代化和中国式民主
充分发挥亿万人民的创造伟力
实现人民对美好生活的向往

| 第五章 |

在发展全过程人民民主进程中大力推进中国式现代化

民主，作为政治上层建筑，是为经济基础及其支撑它的社会生产力服务的。今天，我们在这里讨论"全过程人民民主"，也不是坐而论道，或者只是就民主论民主，而是要通过发展全过程人民民主，充分发挥亿万人民的创造伟力，为实现攸关亿万人民根本利益的中国式现代化和中华民族伟大复兴的历史伟业服务。

中国式现代化和中国式民主

"从现在起，中国共产党的中心任务就是团结带领全国各族人民全面建成社会主义现代化强国、实现第二个百年奋斗目标，以中国式现代化全面推进中华民族伟大复兴。"[1] 这是在中国迈上全面建设社会主义现代化国家新征程的关键时刻召开的中国共产党第二十次全国代表大会，向全中国和全世界人民发出的宣告。发展全过程人民民主这一中国式民主，既

---

[1] 习近平：《高举中国特色社会主义伟大旗帜，为全面建设社会主义现代化国家而团结奋斗》，人民出版社 2022 年版，第 21 页。

是中国式现代化的本质要求，又是推进中国式现代化的重大战略任务。大力推进中国式现代化，是我们在发展全过程人民民主进程中必须牢牢把握的中心任务。

党的二十大报告提出的"以中国式现代化全面推进中华民族伟大复兴"，是中国共产党领导全国人民在长期探索和实践中，历经千辛万苦、付出巨大代价获得的规律性认识。熟悉中国近现代历史的人都知道，在中国共产党之前，许多仁人志士为实现中华民族伟大复兴提出过许多中国走向现代化的方案，进行过许多实验和探索，但都失败了。由于中国共产党探索中国现代化的背景是民族复兴，任务也是民族复兴，因此，中国共产党领导的新民主主义革命为实现中华民族伟大复兴创造根本社会条件后，又领导人民进行社会主义革命，推进社会主义建设，为实现中华民族伟大复兴奠定了根本政治前提和制度基础。与此同时，中国共产党从20世纪50年代中期开始，探索符合中国实际的工业化和现代化之路。如果说新中国成立前中国对现代化的探索主要是学西方，那么新中国成立之初中国对现代化的探索主要是学苏联。学西方的，失败了；学苏联的，也遇到了和中国国情不完全相适应的问题。因此，以毛泽东发表《论十大关系》和《关于正确处理人民内部矛盾的问题》这两篇著作为标志，中国共产党开始探索符合中国国情的社会主义现代化。可惜的是，由于这一探索后来走了弯路，遇到了挫折。一直到改革开放开始后，我们才重新开始探索符合中国国情的现代化。应该讲，这次探索取得了巨大成功，其重要标志就是，贫穷落后的中国经过短短30多年改革开放，一下子成为世界第二大经济体。特别是，以党的十八大为标志，中国特色社会主义进入了新时代，中国共产党在已有基础上继续前进，在对新中国成立以来特别是改革开放以来历史经验进行深入总结的基础上，不断实现理论和实践的创新突破，进一步破解社会主义现代化和改革开放中遇到的诸多难题，领导人民创造了作为"人类文明新形态"的"中国式现代化"。习近平总书记还用"康庄大道"和"唯一正确道路"[1]，来定义中国式现代化对中华民族伟大复兴的意义。

之所以要选择中国式现代化，从根本上说，是因为中国式现代化是中国共产党领导并打上中国共产党深刻烙印的社会主义现代化。正如习近平总书记2022年7月26日在省部级主要领导干部专题研讨班发表的重要讲话中明确指出："我们推进的现代化，是中国共产党领导的社会主义现代化"。[2]在2023年2月7日学习贯彻党的二十大精神研讨班开班式上的重要讲话中，他再次强调："党的领导直接关系到中国式现代化的根本方向、前途命运、最终成败。"[3]可以说，没有中国共产党，就没有新中国，这是历史的结论；没有中国共产党，就没有中国现代化，这也是历史的结论。新中国成立以来，特别是改革开放以来中国发生的举世瞩目的变化，以胜于雄辩的事实证明了这一历史结论。中国共产党领导的现代化尽

---

1 《人民日报》2023年2月8日。
2 《人民日报》2022年7月28日。
3 《人民日报》2023年2月8日。

以"中国式现代化与世界新机遇"为主题的"读懂中国·湾区对话"专题论坛于2023年4月18日至20日在广州举办。图为与会嘉宾探讨中国全过程人民民主。

管也出现过曲折，但这只是探索中付出的代价，获得的是更加成熟的现代化战略、更加辉煌的现代化成就。需要指出的是，中国共产党不仅成功地领导中国人民创造了一个又一个现代化奇迹，而且给中国现代化打上了鲜明的中国烙印。人们都知道，实践是人有目的地改造世界的物质活动过程。实践的目的性，贯穿在实践活动的全过程。实践会检验并修正实践的目的性，但实践始终不是无目的性的活动。实践目的一旦在实践活动过程中转化为客观现实，那就证明其目的是正确的。于是，由这样的实践目的转化而来的现实，也就打上了其鲜明的目的性烙印。中国共产党领导的现代化，必定是体现中国共产党人的纲领、宗旨、指导思想和奋斗目标的现代化。这种目的，不是主观设定的，而是在系统总结历史

—— 在发展全过程人民民主进程中大力推进中国式现代化 ——

135

经验、深入剖析现实情况、充分考虑各种条件的基础上形成的指导思想和战略目标，并且是伴随实践的发展不断调整和完善的。中国共产党领导全国各族人民实现现代化的历史征程，作为近现代以来中华民族伟大复兴进程中的伟大实践及其取得的伟大成就，不仅一而再、再而三地证明了中国共产党的现代化目的即中国共产党的现代化指导思想和战略目标是正确的，而且开辟了一条打有中国共产党人鲜明目的性烙印的中国式现代化。

之所以要选择中国式现代化，还因为中国是一个拥有悠久文明传统的东方大国，也是能够自觉借鉴吸收一切人类优秀文明成果的东方大国。中国的现代化必须符合中国实际，必须是具有中国历史文化特色的现代化。在世界各国现代化进程中，虽然会形成许多具有共同并相通的现代性成果，如现代工业、现代科技、现代管理、现代法治，等等，但它们在不同社会、不同历史文化背景下必定会呈现出不同的实现途径和表现形式。且不说世界上公认的东亚现代化与西方现代化不完全相同，就是在西方国家之间，"盎格鲁－撒克逊模式"和"莱茵模式""斯堪的纳维亚模式"也不完全一样。现代化模式并非那么简单和单一，文化，包括宗教信仰和生活习俗在其中起了很大作用。中国不仅具有悠久且连续不断的文化传统，而且和西方文明在价值观和行为方式等方面具有很大的差异。由此决定了中国的现代化，在学习借鉴世界各国现代化经验的同时，无论在实现途径上，还是在表现形式上，都会有许多不同于西方现代化的鲜明特色。也就是说，中国共产党开拓出不同于西方现代化的中国式现代化，不是偶然的，是有深刻历史文化原因的。正是在这个意义上，习近平总书记从"文明形态"来定义中国式现代化的意义，强调"党领导人民成功走出中国式现代化道路，创造了人类文明新形态"。[1]正如他在2023年2月7日学习贯彻党的二十大精神研讨班开班式上的重要讲话中再次强调的："中国式现代化，深深植根于中华优秀传统文化，体现科学社会主义的先进本质，借鉴吸收一切人类优秀文明成果，代表人类文明进步的发展方向，展现了不同于西方现代化模式的新图景，是一种全新的人类文明形态。"[2]

由此决定了"中国式现代化"作为中国共产党领导的社会主义现代化，既有各国现代化的共同特征，更有基于自己国情的鲜明特色。这就是习近平总书记从党的十九届五中全会第二次全体会议上的重要讲话、十九届六中全会第二次全体会议上的重要讲话，一直到他在党的二十大所作的报告中反复强调的，中国式现代化具有五大中国特色：一是人口规模巨大的现代化；二是全体人民共同富裕的现代化；三是物质文明和精神文明相协调的现代化；四是人与自然和谐共生的现代化；五是走和平发展道路的现代化。2023年2月7日，习近平总书记在学习贯彻党的二十大精神研讨班开班式上发表的重要讲话中指出："这既是理论概括，也是实践要求，为

---

[1] 《中共中央关于党的百年奋斗重大成就和历史经验的决议》，人民出版社2021年版，第64页。
[2] 《人民日报》2023年2月8日。

全面建成社会主义现代化强国、实现中华民族伟大复兴指明了一条康庄大道。"他同时还说:"实践证明,中国式现代化走得通、行得稳,是强国建设、民族复兴的唯一正确道路。"[1]

需要指出的是,党的二十大报告在论述了中国式现代化的"中国特色"后,紧接着深刻指出:"中国式现代化的本质要求是:坚持中国共产党领导,坚持中国特色社会主义,实现高质量发展,发展全过程人民民主,丰富人民精神世界,实现全体人民共同富裕,促进人与自然和谐共生,推动构建人类命运共同体,创造人类文明新形态。"[2] 这一重要论断,包括了三个层次的深刻含义:一是"两个坚持",即坚持中国共产党领导,坚持中国特色社会主义,这是"本质要求"中的本质特征;二是"五位一体",在经济建设上要实现高质量发展,在政治建设上要发展全过程人民民主,在文化建设上要丰富人民精神世界,在社会建设上要实现全体人民共同富裕,在生态文明建设上要促进人与自然和谐共生,贯穿始终的是以人民为中心的发展思想;三是"国际贡献",即推动构建人类命运共同体,创造人类文明新形态,"为人类实现现代化提供了新的选择"。[3] 我们应该注意到,在党的二十大报告关于中国式现代化这三个层次的"本质要求"论述中,就有"发展全过程人民民主"这一要求。

---

[1] 《人民日报》2023年2月8日。
[2] 习近平:《高举中国特色社会主义伟大旗帜,为全面建设社会主义现代化国家而团结奋斗》,人民出版社2022年版,第22—24页。
[3] 习近平:《高举中国特色社会主义伟大旗帜,为全面建设社会主义现代化国家而团结奋斗》,人民出版社2022年版,第16页。

2023年4月21日,"中国式现代化与世界"蓝厅论坛在上海"世界会客厅"举办。图为嘉宾前来参加论坛。

与此同时,我们注意到,党的二十大报告根据中国式现代化的本质要求,在阐述新时代新征程实现第二个百年奋斗目标总的战略安排时,也强调要发展全过程人民民主。在到2035年我国发展的总体目标中,提出了"全过程人民民主制度更加健全"的目标;在未来5年的主要目标任务中,也提出了"全过程人民民主制度化、规范化、程序化水平进一步提高"的目标任务。[1] 尤其是在二十大报告阐述实现中国式现

---

1 习近平:《高举中国特色社会主义伟大旗帜,为全面建设社会主义现代化国家而团结奋斗》,人民出版社2022年版,第24—25页。

代化的各项战略任务时,对于"发展全过程人民民主,保障人民当家作主"设专题作了专门部署,强调:"我们要健全全过程人民民主制度体系,扩大人民有序政治参与,保证人民依法实行民主选举、民主协商、民主决策、民主管理、民主监督,发挥人民群众积极性、主动性、创造性,巩固和发展生动活泼、安定团结的政治局面。"[1]

由此可见,全过程人民民主作为中国式民主,同中国式现代化有着不可分割的密切关系。中国式民主是中国式现代化的题中应有之义,中国式民主将在中国式现代化进程中发展,中国式现代化则将在中国式民主的发展进程中推进。也就是说,大力推进中国式现代化内在地要求发展全过程人民民主,同时也只有在发展全过程人民民主进程中才能充分发挥亿万人民的创造伟力,大力推进中国式现代化,并在中国式现代化进程中全面推进中华民族伟大复兴。

充分发挥亿万人民的创造伟力

无论是在中国式民主发展进程中推进中国式现代化,还是在推进中国式现代化进程中发展全过程人民民主,根本点在于能不能充分发挥亿万中国人民的创造活力。

人民,只有人民,才是创造世界历史的动力。中国共产党不仅懂得历史唯物主义这一基本观点,而且认真践行这一

---

[1] 习近平:《高举中国特色社会主义伟大旗帜,为全面建设社会主义现代化国家而团结奋斗》,人民出版社2022年版,第37页。

马克思主义的立场观点和方法，在革命、建设和改革的各个历史阶段都始终把工作的着力点放在充分调动广大人民群众的积极性、主动性、创造性上。在中国特色社会主义进入新时代以来，以习近平同志为核心的党中央进一步提出了人民至上的价值观和以人民为中心的发展思想，紧紧依靠人民群众推进经济、政治、文化、社会和生态文明建设。党的二十大报告在最后部分也明确提出："全面建设社会主义现代化国家，必须充分发挥亿万人民的创造伟力。"[1] 我们强调在推进中国式现代化进程中坚持党的领导、人民当家作主、依法治国的有机统一，发展全过程人民民主，说到底，就是要坚持人民主体地位，充分体现人民意志、保障人民权益、激发人民的创造伟力。因为我们知道，实现现代化并非一件容易的事情。世界上一些后发现代化国家，比如拉美一些国家，曾经在现代化发展进程中创造过许多"神话"般的奇迹，但后来还是掉入所谓"中等发达国家陷阱"。对于世界上最大的发展中国家的中国来说，对于正在探索中国式现代化的中国来说，我们懂得世界上从来就没有什么救世主，惟有靠自己，才能战胜前进道路上的一切困难，惟有"充分发挥亿万人民的创造伟力"，才是最重要、也最可靠的现代化力量。

中国共产党是一个创造奇迹的党。要问中国共产党为什么能够经受一次又一次风高浪急的严峻考验，创造一个又一个历史性的人间奇迹，归根到底，正如习近平总书记所说的：

---

[1] 习近平：《高举中国特色社会主义伟大旗帜，为全面建设社会主义现代化国家而团结奋斗》，人民出版社2022年版，第70页。

"人民永远是我们最坚实的依托、最强大的底气。"[1] 要问人民为什么是中国共产党执政的最大底气,党的十九届六中全会通过的历史决议说得好:"党的根基在人民、血脉在人民、力量在人民,人民是党执政兴国的最大底气。"[2] 以人民为自己的"根基""血脉""力量"的党,决定了人民是中国共产党执政的最大底气。历史已经证明,中国共产党之所以能够在中国政治舞台脱颖而出,夺取全国政权,成为中国这样一个大国的执政党,归根到底,是得到了中国最广大人民群众的拥戴和支持。打过仗的老帅们都懂得,我们的军队是人民军队,离不开人民群众。贺龙元帅说过,"小米加步枪",就是"群众加军队"。陈毅元帅说过,"淮海战役的胜利,是人民群众用小车推出来的"。历史也已经证明:"新时代的伟大成就是党和人民一道拼出来、干出来、奋斗出来的!"[3] 特别是,中国共产党之所以能够在成为执政党并在改革开放条件下依然不变质、不变色、不变味,归根到底,也是有人民群众的监督,党又能够坚持自我革命,才能赢得中国最广大人民群众的衷心拥戴和全力支持。

党和人民群众的关系,是作为执政党的中国共产党最重视的基本关系。中国共产党对人民的"最大底气",来自于中国共产党的"最大底色",这就是中国共产党的初心使命、性

---

[1] 《人民日报》2022年10月24日。
[2] 《中共中央关于党的百年奋斗重大成就和历史经验的决议》,人民出版社2021年版,第66页。
[3] 习近平:《高举中国特色社会主义伟大旗帜,为全面建设社会主义现代化国家而团结奋斗》,人民出版社2022年版,第15页。

质宗旨、指导思想和权力观、工作路线和工作作风，以及勇于自我革命等特殊品格。首先，中国共产党来自于人民，为人民而生、因人民而兴，始终与人民心心相印、同甘共苦、团结奋斗。中国共产党的初心使命就是为中国人民谋幸福、为中华民族谋复兴。其次，中国共产党是人民的党，始终代表中国最广大人民的根本利益。第三，中国共产党的根本宗旨是全心全意为人民服务，为老百姓办事，给老百姓带来福祉。第四，中国共产党的理论也是来自人民、为了人民、造福人民的理论。第五，中国共产党深深懂得江山就是人民、人民就是江山的道理，始终坚持权为民所赋、权为民所用的马克思主义权力观，立党为公、执政为民。第六，中国共产党的根本工作路线是从群众中来、到群众中去的群众路线。第七，中国共产党始终能够为人民坚持真理、为人民修正错误。批评和自我批评，同理论联系实际、密切联系群众一样，都是党的优良作风。第八，中国共产党始终坚持以党的自我革命引领社会革命，在自觉接受人民监督的同时加强党内监督，坚持全面从严治党，这也是中国共产党区别于其他政党的显著标志。由此可见，中国共产党的"最大底色"，就是中国共产党的"人民本色"。看中国共产党是不是变质、变色、变味，就看中国共产党是不是始终坚持自己的初心使命、性质宗旨、指导思想和权力观、工作路线和工作作风，以及勇于自我革命等特殊品格。

在长期执政的条件下，要始终保持党的"最大底气"和"最大底色"，对中国共产党来讲，是一个严峻的考验。但是，中国共产党是一个用马克思主义武装起来的党,懂得"国家再好也不过是在争取阶级统治的斗争中获胜的无产阶级所继承下来的一个祸害"[1]的危险;中国共产党又是一个用中华优秀传统文化滋养的党,深知"民为邦本,本固邦宁""水可载舟,亦可覆舟"的道理,懂得民心是最大的政治。在中国共产党夺取全国政权之前,就已经在思考如何防范权力对党的侵蚀、破解治乱兴衰的历史周期率,并提出"进京赶考"的问题,强调"决不能当李自成"。改革开放以来,特别是中国特色社会主义进入新时代以来,在坚持全面从严治党的进程中,习近平总书记提出了党要勇于"自我革命"这一重大课题。中国共产党懂得,有先进理论的指导,有优秀传统文化的滋养,不等于不会犯错误。"党的伟大不在于不犯错误,而在于从不讳疾忌医,积极开展批评和自我批评,敢于直面问题,勇于自我革命。"党历经沧桑而依然朝气蓬勃,其奥秘就在于党能够为人民坚持真理,为人民修正错误,为人民自我革命,不断清除侵蚀党的健康肌体的病毒。为此,中国共产党从两个方面下功夫,保持党的"最大底气"和"最大底色":一是坚持人民民主,加强人民对党的监督;二是坚持自我革命,加强中国共产党的党内监督。这就是习近平总书记强调的,中国共产党在执政实践中找到的跳出治乱兴衰历史周期率的两个答案。可以说,"人民民主"和"自我革命"是中国共产党成功的"秘诀",也是中国共产党能够始终得到全中国人民真

---

[1] 《马克思恩格斯选集》第3卷,人民出版社2012年版,第55页。

心拥戴的根本原因。

了解了中国共产党这些历史和理论，就可以进一步懂得以习近平同志为核心的党中央为什么在新时代如此强调要发展"全过程人民民主"。在中国特色社会主义进入新时代以来，以习近平同志为核心的党中央在坚持和完善中国特色社会主义制度的进程中，大力推进国家治理体系和治理能力现代化，大力推进依法治国、建设社会主义法治国家，大力推进全过程人民民主，就是要把制度程序和参与实践结合起来，通过全链条、全方位、全覆盖的人民民主确保人民当家作主，支持和监督执政的中国共产党对各项工作的全面领导。与此同时，习近平总书记强调，作为执政党的中国共产党也要始终坚持全面从严治党，把思想建党和制度治党结合起来，教育自己的干部要牢记权为民所赋、权为民所用这一马克思主义的权利观，恪守人民至上的价值观和全心全意为人民服务的根本宗旨，坚持党的群众路线的工作路线，自觉推进全过程人民民主建设。

正如习近平总书记反复强调，并在党的二十大报告再次重申："江山就是人民，人民就是江山。中国共产党领导人民打江山、守江山，守的是人民的心。治国有常，利民为本。为民造福是立党为公、执政为民的本质要求。"要建设一个长期执政的马克思主义政党，唯有如此，在江山社稷上深深地镌刻"人民"二字，让广大党员干部心头牢牢铭记"一切为了人民、一切依靠人民"这12个字。为此，就必须加强民主政治建设，通过制度程序和参与实践相结合的全过程人民民主，充分发挥亿万人民的创造伟力。

实现人民对美好生活的向往

"人民对美好生活的向往，就是我们的奋斗目标。"[1]自从习近平总书记在中国特色社会主义进入新时代之际把这个问题提出来后，实现人民对美好生活的向往就成为中国现代化建设的出发点和落脚点。那么，人民民主和美好生活有着什么样的关系？回答无疑应该是：人民民主既是实现美好生活的政治保障，也是实现美好生活的题中应有之义和根本要求。

在发展全过程人民民主、推进中国式现代化时，我们也要正确认识和处理好民主与民生的关系，懂得民主只有落实到民生、给广大人民群众带来福祉，才是真正的民主。

在民主与民生的关系中，人民当家作主的民主政治是以人民对美好生活的向往为出发点和落脚点的。而人民对美好生活的向往，其实质就是一个"民生"问题。"民生"是一个内涵极其丰富的概念。在《辞海》中，"民生"指的是"人民的生活"。同时，指出"在现代社会中，民生和民主、民权相互倚重，而民生之本，也由原来的生产、生活资料，上升为生活形态、文化模式、市民精神等既有物质需求也有精神特征的整体样态"。对于一般情况而言，"民生"就是人民群众的衣、食、住、行、就业、娱乐、家庭、社团、公司、旅游

---

[1] 《习近平谈治国理政》第1卷，外文出版社2014年版，第4页。

2023年3月13日，江西萍乡，一辆列车从沪昆高铁湘东区老关镇段附近疾驰而过。

等日常生活。但随着社会的进步，"民生"的含义逐步拓展，特别是人民群众的收入和物价、人民群众的精神生活、子女的良好教育、老年人的幸福晚年、天蓝地绿的生活环境、平安出行的社会环境，等等，都已经成为人民群众关注的民生问题。因此，在《中共中央关于制定国民经济和社会发展第十四个五年规划和二〇三五年远景目标的建议》中，改善人民生活品质的重要举措就包括了提高人民收入水平、强化就业优先政策、建设高质量教育体系、健全多层次生活保障体系、全面推进健康中国建设、实施积极应对人口老龄化国家战略、加强和创新社会治理，等等。在党的二十大报告中，

在发展全过程人民民主进程中大力推进中国式现代化

在论述"必须坚持在发展中保障和改善民生，鼓励共同奋斗创造美好生活，不断实现人民对美好生活的向往"时，强调要增进民生福祉、提高人民生活品质，其中就包括了促进共同富裕、促进高质量充分就业、健全社会保障体系、推进健康中国建设等重大举措。[1] 这些民生问题，实际上都是人民群众应该享有的基本权利。从权利的角度来看，民生实际上就是人的生存权和普遍发展权。在中国的人权理论中，这是首要的基本的人权。而我们知道，人权的实现和民主的完善有着直接的关系。所以，我们不能离开人权、民主，一般地谈论民生问题；同样，我们也不能离开民生问题，抽象地谈论人权、民主。那种把"民主""人权"与"民生"割裂开来、对立起来的观点是完全站不住脚的。

在民主与民生的关系中，人民当家作主的民主政治又是实现人民对美好生活向往的根本保证。事实上，只有坚持和完善人民当家作主的民主政治，才能把人民对美好生活的向往转化为亿万人民美好生活的现实。我们注意到，在中国式现代化的本质要求中，"发展全过程人民民主"和"实现高质量发展""丰富人民精神世界""实现全体人民共同富裕""促进人与自然和谐共生"是一个整体，这些要求之间是相辅相成、相互促进的。而"实现高质量发展""丰富人民精神世界""实现全体人民共同富裕""促进人与自然和谐共生"都是以实现人民对美好生活的向往为出发点和落脚点的。在某

---

[1] 习近平：《高举中国特色社会主义伟大旗帜，为全面建设社会主义现代化国家而团结奋斗》，人民出版社 2022 年版，第 46—49 页。

种意义上，可以说这些经济、文化、社会和生态文明的追求，都包含了"民生"的要求。而这一切又只有在人民当家作主的政治生态和社会环境中，才能由理想的目标转化为现实的生活。所以，发展全过程人民民主对于我们实现高质量发展、丰富人民精神世界、实现全体人民共同富裕、促进人与自然和谐共生，进而全面实现中国式现代化，具有特别重要的意义。

民主与民生的关系，显然是辩证统一的关系。民主作为政治上层建筑，是建立在一定的经济基础和支撑它的社会生产力之上的，又是为促进经济基础和支撑它的社会生产力服务的。归根到底，人民当家作主的民主是为实现人民对美好生活的向往而建立和发展的，又是为实现人民对美好生活的向往服务的。人们谈论一个国家的民主，毫无疑问要谈论人民享有了多少当家作主的权力和广泛参与选举、协商、决策、管理和监督的权利。民主绝不是那种虚无缥缈的或口惠而实不至的东西，人民要民主，就是因为人民要生活，要享受美好生活。

总之，自从中国共产党成立以来，无论在建党初期，还是在农村根据地建设时期；无论在建立新中国和社会主义制度时期，还是在推进改革开放和社会主义现代化建设的新时期，中国共产党领导人民为民主而奋斗，都是为了给人民过上幸福生活。在社会主义中国，发展社会主义民主，实现中国人民的民主权力和权利，最终都是为了给人民群众带来实际的利益。在中国特色社会主义进入新时代以来，以习近平

> **案 例**

在推进全过程人民民主进程中改善民生、健全社会治理机制

在《中华人民共和国民法典》正式施行后，江苏省昆山市人大常委会就立刻根据民法典有关规定，推动市住建局将物业企业执行"防疫、防火、防污染、防高空坠物、防公共安全事故"等条款纳入《昆山市前期物业服务协议》。在浙江省制定《杭州市生活垃圾管理条例》时，湖滨街道的立法信息员提出："清理楼道垃圾不能光由社区、物业'单打独斗'，建议与消防安全、垃圾分类、疫情防控等工作紧密结合，统筹推进。"湖滨街道以此为思路推出了楼道清理"五步法"，由社区宣传发动、居民动手整理、物业清运消杀、消防安全排查、行政执法现场指导，五方力量各司其职，合力保障公共空间整洁、生命通道畅通。北京市一位市人大代表经常说："千万别把群众的小事不当回事，我们在家站接待人民群众，一定要做到'民有所呼、我有所应'，如果小事都得不到回应，遇到大事、难事，谁还会来找你？"这样的朴素话语，饱含着深深的为民情怀，同时也彰显了中国式民主始终把人民幸福生活作为民主的最高追求。

同志为核心的党中央更是以实现人民对美好生活的向往为根本目的,推进社会主义民主和社会主义法治。全过程人民民主之所以被称为是"最广泛、最真实、最管用的民主",就在于这样的中国式民主能够让人民群众在现实社会生活中享有美好生活的获得感、幸福感和安全感。

后 记

书的初稿终于写完了，但心中那块沉重的"石头"落地了，又没有完全落地。"民主"是一个很难说清楚的话题，"全过程人民民主"更是一个全新的话题，加上我们的研究刚刚起步，要讲好这个中国故事并不容易。

记得 2015 年我为外文出版社写的《协商民主：解读中国民主制度》一书中，曾经写过这样一段话：

> 美国学者乔万尼·萨托利和他之前的许多学者都讨论过"什么叫民主"这个极其复杂的基础性问题。
>
> 乔万尼·萨托利讲："民主的词源学定义很简单，民主即人民的统治或权力。"但是再深究一下，什么叫"民"，什么叫"主"，就复杂化了。"民"可以是每一个人，可以是许多人，可以是社会较底层的人，可以是一个不可分割的整体，等等；"民"与"主"结合起来，可以是每一个人的统治或权力，可以是多数人的统治或权力，可以是社会底层人的统治或权力，可以是整体的人的统治或权力，等等。"当我们面对人民的概念与权力的概念之间的关系、'民'和'主'的关系时，困难

便增加了，事实上，它们成了词源学方法无法克服的困难。"

为了解决这一难题，像卢梭那样聪明的思想家提出"用没有代表的选举原则代替不经选举的代表"。于是，难题迎刃而解，政治家、学者皆大欢喜。

但是在选举中，新的问题又发生了，由于选举只能实行"有限的多数原则"，即我们都熟悉的"少数服从多数"的原则，于是"人民的统治或权力"就转化为"多数人的统治或权力"。然而，什么叫"权力"？什么叫"统治"？"权力是针对某些人而行使，统治要以被统治者为前提。人民的权力是针对谁呢？谁是人民主权的承受者和对象呢？因此这句话完整地写出来就成了：民主是人民对人民的权力。但这样一来便使问题完全走了样。"[1]对这么一个基础性问题的讨论，世界上百家争鸣，还有很多很多，并且还在继续着。

这段话，基本上讲清了"民主"问题的复杂性，因此，我在接受"民主"问题的课题研究或文章撰写时总是十分谨慎，不敢茫然承担。

当外文出版社的文芳同志在出版我的《新时代中国之治》这本书后，再次约我就这本书中写到的"全过程人民民主"问题专门写一本新书的时候，我是有畏难之心的。但是，"民主"问题又恰恰是今天国际斗争的一个重要话题。美国政府召集的所谓"民主峰会"，把中国打入"非民主国家"行列，

---

[1] ［美］乔万尼·萨托利：《民主新论》，上海人民出版社2009年版，第21—43页。

还到处鼓吹要以"民主对抗威权"。这样的事情，我们不能不正视，不能不回答。特别是当我看到国家主席习近平2022年11月14日在印度尼西亚巴厘岛同美国总统拜登举行会晤时，直面民主这样深层次的理论和实践问题，就如何认识中国和美国等各个国家民主发表的深刻论述，对我触动很大，启发也很大。当时，我正在筹备"读懂中国"国际会议，为回答国际社会在"民主"话题上对我们提出的种种问题，我带领一些年轻的同志先后去上海、广州和北京，对全过程人民民主的实践经验进行了实地调研，也有不少收获。尽管我们对全过程人民民主这样的新经验尚在消化之中，不敢说已经有多少深刻的认识，但我想，在"民主"问题上我们决不能妄自菲薄，我们中国的经验应该理直气壮地告诉大家。就这样，我答应了外文出版社的稿约。

但是，真要动手写，问题接踵而至，提纲起草了又推翻、推翻后再起草。经过反复思考，我想，还是扬长避短，依靠自己的思想史研究基础，把全过程人民民主这种中国式民主的思想理念和实践中的主要经验及其来龙去脉梳理一下，也许对大家了解全过程人民民主这种中国式民主会有帮助，也许可以为其他学者深入研究全过程人民民主提供一些参考。

需要说明的是，在写作中我参考了许多学者的著述，特别是上海社会科学院中国马克思主义研究所、国外社会主义研究中心轩传树、薛雁方的《从民主巩固到民主解固——西方自由民主研究范式转型》一文，对我了解西方最新的研究动态非常有帮助。我和轩传树同志通了电话，谈了对这篇文章的印象和建议后，告诉他我将在书中引用他们这篇文章的资料和观点，获得了他的支持。在这里，我再次向他们和其他学者表示感谢。

当然，要感谢的，还有外文出版社的文芳和蔡莉莉同志，是她们的诚意感动了我。还要感谢北京市人大、上海市人大、广州市人大精心安排我们进行实地调研的领导同志和工作人员，以及和我一起参加调研工作的中国国家创新和发展战略研究会的史小今、于泳、徐庆超、陈晓鹏、李羽鑫等同志。

李君如

2023 年 3 月

于北京

图书在版编目（CIP）数据

中国式民主：全过程人民民主 / 李君如著. -- 北京：外文出版社，2023.10
（中国式现代化与全球治理）
ISBN 978-7-119-13368-3

Ⅰ. ①中… Ⅱ. ①李… Ⅲ. ①社会主义民主－研究－中国 Ⅳ. ①D616

中国国家版本馆CIP数据核字(2023)第092458号

出版指导：陆彩荣
出版统筹：胡开敏
项目统筹：文　芳
责任编辑：蔡莉莉　李　香
封面设计：上海意众文化传播有限公司·胡海欧
内文设计：一瓢文化·邱特聪
印刷监制：章云天

中国式民主
全过程人民民主

李君如　著

©2023 外文出版社有限责任公司

出 版 人：胡开敏
出版发行：外文出版社有限责任公司
地　　址：北京市西城区百万庄大街 24 号　邮政编码：100037
网　　址：http://www.flp.com.cn　电子邮箱：flp@cipg.org.cn
电　　话：008610-68320579（总编室）　008610-68995875（编辑部）
　　　　　008610-68995852（发行部）　008610-68996185（投稿电话）
印　　刷：北京中科印刷有限公司
经　　销：新华书店 / 外文书店
开　　本：787mm×1092mm　1/16
字　　数：150 千
印　　张：10.25
版　　次：2023 年 10 月第 1 版第 1 次印刷
书　　号：ISBN 978-7-119-13368-3
定　　价：55.00 元

版权所有　侵权必究　如有印装问题本社负责调换（电话：68996172）